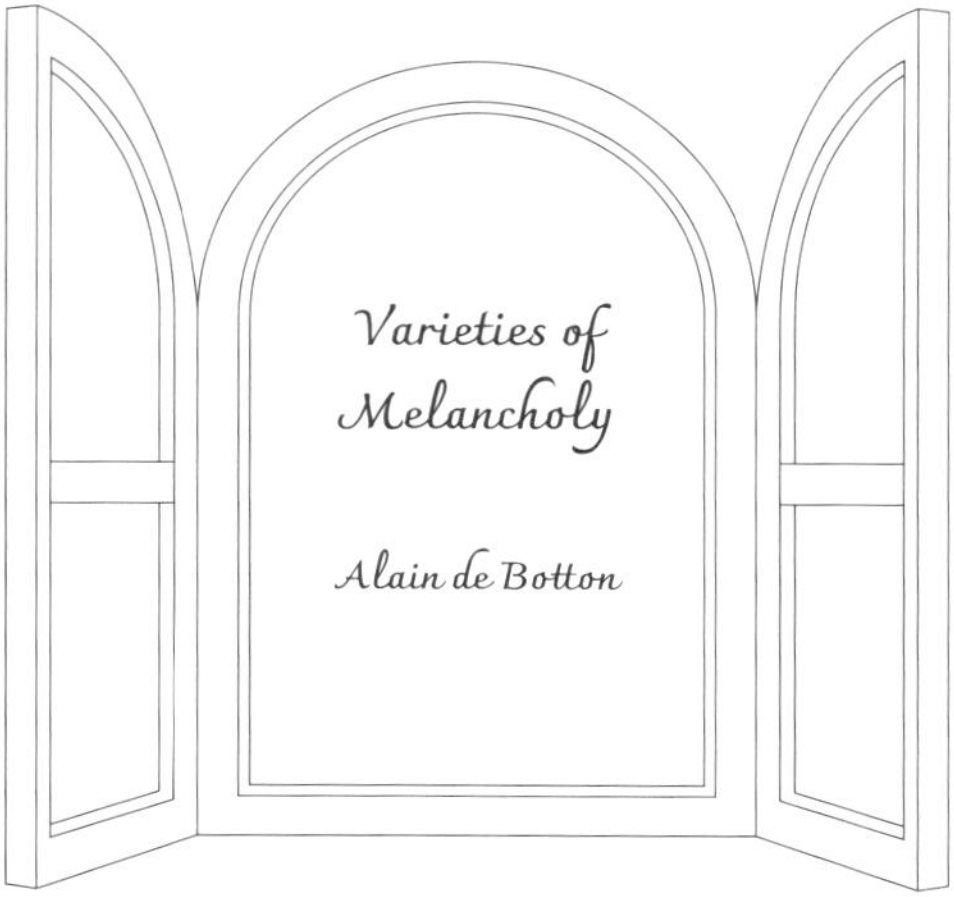

メランコリーで生きてみる

アラン・ド・ボトン＝著
齋藤慎子＝訳

FILM
ART
フィルムアート社

目次

凡例
○美術作品名には《　》、書籍や戯曲の作品名には『　』を付した。
○文中の〔　〕は訳注を示す。

はじめに

　人間生きていれば、悲しみは避けて通れないけど、その対処方法には実にいろいろある。激しく怒る、絶望する、叫ぶ、悲嘆に暮れる、すねる、泣くのもそうだろう。ただ、わたしたちが悩ませられているこのみじめで不完全な状態に向き合う最善の方法は、ある感情に落ち着くことかもしれない。それは、あわただしい現代社会ではいまだめったに語られることのない、「メランコリー」という感情だ。直面しているさまざまな問題の大きさを考えれば、いつも幸せであろうとするのではなく、もの悲しさに賢く上手に慣れていく方法を身につけることも同じように重要なはずだ。苦悩のしかたにも善し悪しがあると言ってよければ、メランコリーは、人生のさまざまな試練に直面する最適手段として、広く世に知られてもおかしくない。

　まずは、メランコリーとは違うものをはっきりさせておこう。メランコリーは失望とは違う。メランコリーな人には、失意の人が潜在的に抱えている楽観主義が一切ない。だから、がっかりしたことに対して怒りでとげとげしいことばを吐かずにすむ。ごく若いうちから、人生の大半は苦しみだと理解し、人生観もそのように組み立てている。もちろん、だからといって、人生の苦悩や、不当さや、辛さを喜んでいるわけではない。それでも、本当はこんなはずじゃなかったと思うほど図々しくもなれない。

　メランコリーは怒りとも違う。最初はどこかで交差していたかもしれないが、怒りはとうの昔に消え失せ、はるかに円熟し、もっと思慮深く、あらゆるものの不完全さに対してもっと寛大になっている。メランコリーな人は、辛いことや動揺させられることを、しかたがない、といった感じで「そりゃたしかに」と受けとめる。そりゃたしかにパートナーは別れたがっている（ようやく互いに慣れてきた矢先に）。そりゃたしかにもうすぐ廃業だ。そりゃたしかに友人は当てにならない。そりゃたしかに、かかりつけの医者からは専門医を紹介しましょうと言われている。こうしたまさにぞっとするようなことが人生には待ち受けている。

　それでも、メランコリーな人は被害妄想《パラノイア》にはならないようにしている。困ったことはたしかに起こる。でも、それは自分ばかりに起こるわけでも、自分がなにか特別悪いことをしてきたせいでもない。ごく普通に不完全な人間がある程度生きていれば降りかかってくること、それだけの話だ。幸運が長続きする人などいない。メランコリーな人は、やっかいな問題をずっと前から考慮に入れているのだ。

もっと言えば、メランコリーな人は皮肉屋とも違うから、身を守る手段として悲観主義を用いているわけではない。自分が傷つかないよう、なにもかもけなしてやろう、なんて思っていない。依然として、ちょっとしたことに喜びを見出し、小さなことのひとつふたつは——たまには——うまくいくかもしれない、と期待することができる。この世に確実なことなどないのを知っているだけだ。

メランコリーの根底には、あらゆるものが不完全であるという認識も、理想と現実の絶えまないギャップもあるだけに、メランコリーな人は、ふと浮かび上がる美や善に対する感受性がとりわけ鋭い。花に、絵本の心あたたまる描写に、見知らぬ人からの思いがけない親切に、古ぼけた壁に差しかかる夕日に、深く心を動かされることがある。

メランコリーな人がとりわけ苦しむのは、朗らかさが求められる環境だ。職場文化は辛く、消費社会は不快かもしれない。国や都市によっては、メランコリーな感情にほかより寛大そうなところもある。ハノイやブレーメンならメランコリーはごく自然でも、ロサンゼルスでメランコリーでありつづけるのはほぼ不可能だ。

この本のねらいは、メランコリーを復権させ、もっと重要かつ明確な役割を与え、もっと語りやすいものにすることにある。コミュニティの文明度は、メランコリーという感情に重要な役割を認める度合い——つまり、メランコリーな情事、メランコリーな子ども、メランコリーな休日、メランコリーな企業文化、といった概念を受け入れる用意がどのくらいあるかで説明できるかもしれない。ある時代——イタリアの十五世紀、日本の江戸時代、ドイツの十九世紀後半など——は、ほかの時代よりもメランコリーにどっぷりと傾いていて、それが高尚な感情だとみなされていた。おかげで、メランコリーな気分に陥っても、迫害されていると感じたり違和感を覚えたりすることが少なくてすんだ。目指すべきは、メランコリーな感情により通じている人を増やし、現代社会を受け入れることなのだ。

このあと、メランコリーをさまざまな角度から描いていく。読者のみなさんには、自分の経験に照らしてじっくりと考えてみてほしい。メランコリーなわたしたちだれもが潜在的に得意な作業だ。メランコリーが復権すれば、相手を知るもっとも誠実な方法は、思いやりと仲間意識をこめて単刀直入にこう尋ねることだとわかるだろう。「で、あなたはどういうときにメランコリーになりますか？」

知性とメランコリー

　メランコリーの歴史が始まったばかりの頃、古代ギリシャの哲学者アリストテレスがこんな問いを投げかけたと言われているが、ちょっと独りよがりにしか思えない。「哲学、政治、詩歌、芸術で傑出した人物の多くが黒胆汁質《メランコリー》であるのは、いったいどうしたわけか」。メランコリーと優れた才能の関連性の根拠としてアリストテレスが挙げたのが、プラトン、ソクラテス、ヘラクレス、アイアスだった。これが定着し、中世には、メランコリーな人は「土星の徴《しるし》の下に」生まれたとされていた。土星は当時発見されていた惑星のなかで地球からもっとも遠く、冷たく暗いものと結びつけられていただけでなく、ずば抜けた想像力を刺激する力とも結びつけられていた。ここから、メランコリーであることへの誇りが芽生えるようになった。朗らかな人なら見落とすようなことにも、メランコリーな人なら気づくかもしれないからだ。

悲しみの代表者であることを誇ったイギリスの若き貴族たちは、メランコリーなポーズをとる自分の肖像画を描かせた。メランコリーを表す色（黒）をまとい、はかなげに宙を見つめ、この世の不完全さにため息をついている。不完全さを否定しないだけの知性はある、というわけだ。

一五一四年、アルブレヒト・デューラーは「メランコリー」の典型として、しょんぼりしている天使の姿を描いた。そのまわりには科学や数学の道具類が雑然と置かれている。天使のそばにある多面体は、もっとも複雑で技術的に完璧な幾何学形態のひとつだ。この天使が落胆しているのは――絵が示唆している――合理性、正確さ、秩序の美しさを切に願う気持ちと、この世の実態とが隔たっているからだ。

アリストテレスの問いを真摯に受けとめるとするなら、聡明でメランコリーな人たちなら気づくのに、それほど聡明でない人なら見落とすかもしれないこととはなんだろう。まずはこんなところだろうか。社交行事の空々しさ。言っていることと本音のギャップ。政治家や企業のはったり。有名になったり、よく思われたりするためのあらゆる努力のくだらなさ。一番親密な関係にあっても悩まされる孤独感。子育てにおける失望。友情という名の妥協。都会の醜さ。人生の短さ。

暗澹たる見識だけでその人を聡明とするのはあまりにも単純だろう。メランコリーを知性と実際に結びつけられるなら、それは、メランコリーな人がそこまで聡明でな

［上］
ニコラス・ヒリアード《薔薇のなかの青年》（1585–95年頃）
［下］
アイザック・オリバー《初代チャーベリーのハーバート卿エドワード》（1613–14年）

アルブレヒト・デューラー《メランコリア I》（1514年）

い人にありがちなふたつの誤りを回避しているからだ。ひとつは怒り、もうひとつは世間知らずだ。

メランコリーな人も、怒りっぽい人と同じように、ものごとが理想的じゃないことはわかっている。それでもやはり、怒りの原因に対してかっとならないようにしている。正義を求めることもあるが、現実主義でどっしり構えていて、つねに冷静だ。できごとに驚いていきなり逆ギレすることがないのも、現実にはさまざまな要素があることをはなからよくわかっているからだ。

それにまた、メランコリーは希望に対する理想的な立ち位置に人を置く。メランコリーな人は世間知らずな人と違い、完璧な人生を送れるとは思っていない。恋愛や仕事を運に任せたりしない。そこそこの関係や、たまに頭に来るような仕事でも、自分はなんとかやっていけると思っている。だからといって、にこりともしないとか、美しいものや心あたたまるものの良さがわからないわけじゃない。おそらく、ある種根本的な闇を認識していることが、真っ暗な世界をふと横切る鮮やかな一瞬にとりわけ注意を払うためのエネルギーになっているのだ。メランコリーな人がものすごく感謝したり、ときに舞いあがって喜んだりするのは、深い悲しみをよく知っているからであって、悩んだことが一度もないからじゃない。メランコリーな人は（下手ながらも）無性に踊りたくなったり、よく晴れた日やごちそうなどをことさら喜んだりすることがある。子どもが声をあげて笑うのはなにかおもしろいことがあるからだが、メランコリーな大人がもっと深みのある声で笑うのは、悲しいことがいかに多いかを知っているからだ。

失望は知性のおかげでもなんでもないが、それは陽気さにも言える。人の本当のすごさは、精神的に少し参っているときでも激しい怒りを抑えようとし、あきらかにひどいことだらけでも希望を失わずにいられることにある。メランコリーな人が、どういうかたちであれ優れた知性の持ち主である、と言えるのは、本をたくさん読んでいるからでも、黒を魅力的にまとっているからでもない。数え切れない失意の種と、人生にたまにあるすばらしいことのちょうどいい折り合いを、上手に見つけているからなのだ。

向精神薬とメランコリー

わたしたちの文化は、幸せ探しに熱心なだけじゃなく――多くの場合――悲しい気分にあきらかに耐えられない。気分が落ち込んでくると、話題を変えられたり、わくわくする映画を観るよう勧められたり、スキーでもしてきたらと促されたり、甘いもの、あるいはきらきらするものを見せられたりする。それでもまだ憂うつな気分が続くようなら、精神科医に診てもらうように言われる。精神科医はセロトニン値を検討して、なるべく早くチームスポーツに加わったり、仕事に出かけたり、家族を大切にしたり、国への義務を果たしたりできる状態にわたしたちを戻そうとする。

向精神薬は――ある状況においては――大きな成果をもたらしている。気がかりなのは、悲しんでいる人に手を差し伸べようとする社会よりもむしろ、ときにはきちんと嘆き悲しむべき、と考えることに本質的に耐えられない社会だ。

赤ちゃんについてよくある思い込みのひとつに、赤ちゃんはいつも決まって笑いたがる、というものがある。だから、ある種の人がやってくるとお決まりのように赤ちゃんを笑わせようとして、鍵をじゃらじゃら鳴らしたり、思いっきり変な顔をしたり、いないいないばあを始めたりするのかもしれない。悪気はないのだろうが、赤ちゃんだって——大人と同じように——重要かつ深刻なことをしょっちゅう考えている。いつなんどき、おかあさんのおなかのなかを恋しがったり、おっぱいはまだかなと思ったり、葉っぱというものを理解しようとしたり、ボタンがちゃんと留められているか気になったりしているかわからない。「陽気」に見えている大人だって、ただうれしがっているわけじゃない。こういう大人がまさに抱えている問題は、相手がたとえ生後八ヶ月の赤ちゃんであろうと、他人の不幸を目にするのが耐えられないことにある。自分のなかで処理できていない、あるいは消化できるようになっていない、深い悲しみの領域が浮き彫りになってしまう恐れがあるからだ。赤ちゃんの思案ありげな顔を見ていると、失ってしまった大切な人たちや、折り合いがつけられていない悔いを呼び覚まされるかもしれない——だから、いっそう激しくじゃらじゃらと鍵を鳴らすのだ。

文化そのものが、上機嫌を偽る一種の苦悩否定の犠牲になっているのかもしれない。活力や勝利を奨励することばかりに時間を費やし、だれの人生にも、喪失、弱さ、後悔がたくさんあることが考慮されていないのかもしれない。笑顔でいることに熱心な

ザカリアス・ドレンド《メランコリーな土星》（1595年）

文化では、悲しみを分かち合える儀式や国中で喪に服す期間といった、個人では難しいさまざまなことを集団で表現したり、そこにカタルシスを見出したりできる場を育めないかもしれない。

たとえば、誕生日は――みんなで祝う場合――ただめでたいだけの場じゃないほうがいい。みんなの前で、不完全なものに向き合って共鳴できる機会であるべきだ。母の日や父の日も、純粋な感謝と喜びの日じゃないほうがいい。こういう日には、相反する思いや怒り（ときには激しい怒りでさえ）も想定しておいたほうがいい。そうして初めて、愛情表現が心からのものだと感じられる。同じように、家族旅行もたんなるお楽しみの機会じゃないほうがいい。口げんかをしたり、むくれたり、自分たちの住んでいるところがいかに問題だらけかを思い知らされたりする機会であるべきなのだ。理解ある文化なら、困難な状態に神経質になるのではなく、こちらの手をずっと握り、人生の悲しむべき部分をいろいろ挙げさせてくれるはずだ。

悲しみに対して向精神薬をすぐに処方するような文化では、メランコリーの必要性が見落とされているかもしれない。メランコリーな人に必要なのは、その苦しみの「解決策」というよりも、話をいろいろ聞いてもらえる機会なのだ。聞き手は、思いやりがあり、決めつけず、自身も心にちょっと傷を負っているような人がいい。メランコリーな人が望んでいるのは、苦しみがごく普通のものとされること。つまり、ともに悲しむ仲間こそがもっとも必要な「解決策」なのだ。向精神薬は、悲しい気分の陰に潜んでいる孤独感と向き合う機会をメランコリーな人から奪ってしまう。

医療文化は、メランコリーな人を「病気」扱いしてほかの人たちと区別することで、結果的に、治療を求めている人たちへの持続的支援をおこなっていない。昔の医者は、医学的にはいまほど進んでいなかったかもしれないが、心理学的にはもっと賢かった。暗い気分に陥りやすい人には、感情知能の高さを示すちょっとすてきな小話として、自分が土星の徴《しるし》の下に生まれたこと、そのせいでみんなと一緒に歌を歌ったり、パーティーへ出かけたり、楽しくおしゃべりしたりする気分にいつでもなれるとはかぎらないことを、ほかの人たちに自由に話させていた。メランコリーな人は、病気でもなければ狂っているわけでもなかった。「土星と同調」しているだけだから、そのうちに少しは気も晴れるだろう、と思われていたのだ。

悲しみに対して向精神薬を熱心に処方するのは、まともな人生に悲しみの居場所はない、とほのめかしていることになる。メランコリーな状態にあるわたしたちが切望しているのは、どんな薬にもまして、あたたかいコミュニティだ。人生の悲しみを理解し、どれだけ時間がかかろうと、落ち着くまで自分の気持ちとじっくり向き合うのを優しく見守ってくれる、思いやりのあるコミュニティなのだ。

孤独とメランコリー

自分は孤独だと認めるのは相変わらずどうしようもなく難しい。パートナーを亡くしたばかりとか、知らない土地へ越してきたばかりとかでないかぎり、友人があまりいない理由をきちんと説明できない。そうするとすぐに、孤独なのは自分の人間性になにか問題ややっかいなところがあるからにちがいない、と考えてしまう。ひとりぼっちのままでもしかたがないものが本質的にあるから、というわけだ。

ところが実際には、孤独を感じるのはたいてい、一緒にいる相手がひとりもいないからではない。変わったところをいろいろ抱えているありのままの自分をきちんと理解してくれそうな人があまりいないからなのだ。食事相手を見つけるのはそう難しくないし、天気のことならいつでもだれかと話せる。ただ、だれかと話せばたちまち孤独でなくなるわけじゃない。孤独でなくなるのは、悩みや悲しみを打ち明けて、理解してもらえるときなのだ。

ようやくだれかに話を聞いてもらっているとき、わたしたちは孤独を感じなくなる。いまだに不可解なセックス、死への恐怖、嫉妬深さ、ささいなようでいて不安を掻き立てられるあれこれ、ときどき陥る自己嫌悪、涙もろさ、後悔していることの数々、自意識過剰ぶり、親との複雑な関係、未知の可能性の数々、自分の身体のさまざまな部位への違和感、情緒的な未熟さ、などなど。こうした、潜在的に恥ずかしくてほとんど打ち明けることがない人間臭い面をありのままに話せれば、ほかの人とつながって、最終的に孤独でなくなる。

わたしたち自身が孤独な現代社会をつくってきた、とよく言われている。そうであれば、孤独はわたしたちの過密スケジュールや巨大都市とは関係ない。むしろ、自分はこういう人間だと思い込んでいる、その虚構の姿と関係がある。ふだん、人と接している自分の姿はあまりにも単純化されていて、そこからは本当の姿――苦悩、混乱、狂気、窮地といった多くのものが抜け落ちている。自分が本当はどういう人間かを、ほかの人に対して簡単には認められないから孤独なのだ。近況を話すときでも本当のことはほとんど言わないのは、別にうそをついているわけではなく、自分の現実の姿と理想の姿とのギャップを恥じているからだ。表面的に明るくふるまうのが良いことされているけれど、それは、ぶざまであってもきわめて重要なもの一切が削り取られた姿なのだ。

孤独でなくなるには、まず、心に秘めているさまざまな扉を自ら開き、悲しみの部屋、怒りの部屋、嫉妬や自己嫌悪の部屋に入っていくことだろう。灯りをつけ、それぞれの部屋にあるものをじっくり調べてみる。とりすましたり、否定したり、恥じたり、罪の意識を感じたりする必要はない。そして、今度だれかと一緒にいるときに、そこで自分が見つけたものについて思い切って話し合ってみるのだ。

孤独なのは、わたしたちが愉快なほど奇妙で精神的に不安定であることを社会がなかなか認めようとしてこなかったからだ。わたしたちは本当の自分というものを、想像力をもって耳を傾けてくれる人にもっと話したほうがいい。そして今度はその人の奇妙なところも話してもらえるようにしたほうがいい。率直に話すことで、わたしたちの孤独感はきっとなくなるはずだ。

達成とメランコリー

わたしたちは人生のほとんどの時間、懸命に努力している。学位取得のために夜遅くまで図書館で勉強する、仕事を覚える、事業を興す、本を執筆する。自分自身に向き合う時間がほとんどない。自分が満足しているかどうか顧みもしないのだから、心が痛むのもしごく当然だ。わたしたちは、いまの仕事が終わるまであと何週間、と数えながら眠りにつく。

そしてある日、ついに、ちょっぴり思いがけず、その終わりがやってくる。地道にこつこつがんばってきたおかげで、長年追い求めてきたことをやり遂げる。本が完成する、事業を売却する、学位を取得する。まわりの人たちも喜び、祝宴を開いてくれる。ちょっとした旅行に出かける人もいるかもしれない。

そんなとき、わたしたちメランコリーな人間は不安に襲われがちになる。浜辺は美しく、青空は申し分なく、近くの果樹園からはレモンの香りが漂ってくる。しぶしぶすべきことは一切ない。本を読んだり、のんびりくつろいだり、遊んだり、のんべんだらりとしたりしてかまわない。なのになぜ、こんなに生気がなく、まごつき、ひょっとするとちょっぴり泣きそうな気分になるのか。

理性は欺くようにはたらいている。どんな作業であれ、やり遂げるのに必要な弾みをつけようとして、これが終わればついに満足できるし、現実をありのままに受け入れられる、というふりをする。執拗な問いかけもなくなるから、手当たり次第に不安を生み出さなくなる。理性がわたしたちに味方するわけだ。

ところが理性は、こうした約束を守るのにまったく向いていない。それどころか、穏やかでリラックスした状態に激しく抵抗し、そのせいで危険にさらされることがわかっている。こうした状態に対処できるのはせいぜい一日かそこらだ。そのあとはまた、さまざまな心配ごとや問いを冷酷に投げかけはじめる。以前のように釈明を求めたり、自分の存在意義はなにかと尋ねたり、自分には価値があるのか、まともなのかと思わせたり、存在する権利があるのかと疑問を抱かせたりする。

懸命な努力が終われば、メランコリーな考えを止めるものは一切ない。黙々と取り組んでいるときには抵抗できていた奈落の底へと追い込まれ、こう思いはじめる。なにを達成しても実際には決して十分じゃない。自分のしていることはなにひとつ持続したり違いをもたらしたりしない。ほとんどなにもしていないのと同じだ。生きていることの基本的な罪悪感にまみれている。まわりの人たちのほうが自分よりはるかに立派で能力もある。この青空の清らかさは耐えがたくて怖いほどだ。そして、「なにもしない」のは、やるべきことのなかで一番難しい。

おそらく、メランコリーな心は、その深いところで知っているのかもしれない。地球が五十億年後には太陽に飲み込まれる運命であることを、したがって、宇宙という時空で考えればすべてが無駄であることを。わたしたちは、自分が取るに足りないちっぽけな幻影にすぎないことを知っている。だから、締切、過密スケジュール、出張、夜遅くのビデオ会議で忙しくしていたというよりは、絶望しないようにしていたのだ。すぐ目の前のことばかりを重要視していたせいで、大いなる無益さに気づかずにいただけだ。ところがこうして達成してしまったいま、実存的恐怖から守ってくれるものがなにも残っていない。自分と、天に無数に輝く死にゆく星々だけだ。自分という存在の形而上学的無意味さから気を紛らわせてくれる早朝会議も、訂正注も、章単位の締切も、もうない。

わたしたちはもっと自分に優しくすべきだ。(神経質でアドレナリン全開の「知恵ある人《ホモサピエンス》」のような生き物なら、信じられない離れ業でもやってのけられる、とでもいうかのように)絶えずいろいろ要求しつづけるアイドリング状態に自らを追い込もうとするのではなく、自分への思いやり《セルフコンパッション》を持つべきだ。あまり意味はなくても、うまくカムフラージュされた課題を次から次へと目標にしつづけて――しかも、いずれも非常に重要だから、すべてに分け隔てなく取り組まなければならない、というふりを全力でするのだ。

仕事というものは、絶望や苦悩といった辛い気持ちから自分を守るためにある。わたしたちは、やるべきことがなくなってしまわないようにしたほうがいい。そして、向こう見ずにもほどがある行動を決して起こさないようにしたほうがいい。長期休暇を取るのもそうだし、隠居暮らしを始めるなんて――とんでもない。

人口過剰とメランコリー

世界にはどう見ても人間があふれている。なのにどうしてさらに、それもわたしたちのような(欠点も衝動も抱えた凡庸な)人間が必要なのか。これは、メランコリーな人を特に悩ませている謎のひとつだ。悲しみに沈んでいるメランコリーな人にとって、この根本的な問いが頭から離れることはない。自分はなぜここにいるのか。なんの役に立っているのか。自分には十分な価値があるのか。生まれてこなかったほうがよかったのではないか。

こうした厳しい問いかけが、メランコリーな人の心に影響を及ぼし、いかにも思慮深げで、憂いを帯びた自信のなさそうな表情にさせている。

本当の謎はおそらく、自分の存在をなぜ疑うのかというよりも、なぜほかの人たちはまったく疑わずにいられるのかということだ。疑うことのない人たちに、自分はここに存在するありとあらゆる権利がある、と確信させているものはなんなのか。どうしてそんなにしっかりと地に足をつけていられるのか。なぜ鏡のなかの自分に向かって、そこまで自己受容と自信に満ちた態度で声をかけられるのか。なぜこの地球の恩恵を疑いもなく享受し、どこかの時点でなんらかの間違いがなかったかと決して不思議に思わないのか。

メランコリー気質の根っこには、子どもの頃の強烈な心理的背景がありそうだ。それは、初期の愛情不足だ。自分をこの世にもたらしてくれた人から強く確実に望まれてきた人は、自分がここに存在する基本的権利を決して疑わない。親の熱心な愛情によって自分という存在が絶えず認められている。親に歌を歌ってもらい、抱きしめてもらい、笑ってもらい、面倒をみてもらったことが、いつまでも力をくれる。そういう人もさまざまなことで悩むかもしれないし、生きていればだれにでもある多くの苦悩や後悔とも無縁ではないだろう。それでもそういう人は、親にあまり望まれていなかった人を苦しませている根本的な自己不信を経験することは決してない。逆境のあいだも自分に優しく声をかけ、自分に必要なものに気を配るだろう。自分の過ちをあたたかい目で見て、かつてそうしてもらったように自分自身を許すだろう。健康管理をし、毎日決まった時間に寝るようにするだろう。悩むこともあるが、自己嫌悪に陥ることはないだろう。

メランコリーな人はこれとは大違いだ。生まれてくることを特にだれからも待ち望まれていなかった可能性が高い。大喜びでこの世に迎えられたことも、かわいらしい足の指や愛らしいまつ毛をひっきりなしにほめられたことも一度なかった。自分のために命を投げ打つ覚悟がある人も、庭で砂遊びしている様子を優しい畏敬のまなざしでじっと見ていてくれるような人もいなかった。捨て子じゃなくても、育児放棄《ネグレクト》されているとみなされることはある。きちんと入浴させてもらい、そこそこの服を着せてもらっているかもしれない。しかし、自分はだれにとっても特に重要ではない、という漠然とした気持ちは、もっと微妙なやり方で形成される。親が超多忙だったのかもしれないし、ベビーシッターが電話でおしゃべりばかりしていたのかもしれない。親が仕事で深刻な問題を抱えていた時期にたまたま生まれたのかもしれない。きょうだいのだれかが病気になり、自分にまであまり気が回らなかったのかもしれない。あるいは、のろまで内気でちょっと手の焼ける子だったので、親が恥ずかしがってよそを向いていたのかもしれない。

どれもこれも、ある人生観に弾みをつけるには十分だ。それだけで、人を哲学者に、やっかいな構造上の問いをいろいろ提起することに人生を費やす人にしうる。なかでも一番切羽詰まった問いは、「いったいなぜ自分はここにいるのか」だ。

七十五年間も心に闇を抱えながら自問を繰り返してきた人が、その原因は四歳までに抱きしめてもらったり、寝る前にお話を聞かせてもらったりした経験がないことにあるかもしれない、と信じなければならないのはあまりにもばかばかしく思える。それでも、いわゆる「ちょっとしたこと」に人生の方向性を左右する力があることは認めるべきだろう。微細な細胞分裂に生物としてのわたしたちの運命を左右する力があることを謙虚に認めるべきなのと同じだ。

親の熱心な愛情は、ある種の楽しい錯覚に基づいている。もちろん、子どもは——世の中の成り立ちのなかで——まったく重要じゃない。もちろん、特段かわいらしいわけでも、特に価値があるわけでもない。当然ながら、初めて歩いたとか、算数で「よくできました」のシールをもらって帰ってきたからといって、根本的にすばらしいなにかがあるわけじゃない。それでもやはり親にとって、子どもを愛情のオーラで包んでやり、自己不信や自己嫌悪の鋭い痛みに対する一生ものの免疫力をつけてやろうとすることが、どんなにうれしく、また必要か。

メランコリーな人が鋭い知性を——そしてたいていダークユーモアも——身につけているのは、どんな錯覚のベールにも一度も包んでもらったことがないからだ。幼い頃からものごとをかなりはっきりと見つめざるをえなかったのだ。メランコリーな人は、先生も友人も信用してこなかったし、愛を気軽に告白するのはどうかと思ってきた。皮肉上手で、見せかけを鋭く見抜くのはお手のもの。こうしたことは、自分自身に肩入れしすぎないことの副次的メリットだ。世の中ははるかに冷酷だけど、興味深さも増している。そして、なにもかもがまったく無駄に思えて気分が落ち込むときはつねにある。自分は望まれていない、という幼い頃の漠然とした思いがいつまで経ってもなくならない。わたしたちの大いなる慰めは、メランコリーなのは自分ひとりじゃないし、自分にちょっと似た人たちの暗黙のコミュニティが——ありがたいことに——あり、アートや友情がわたしたちを結びつけるのを待っている、と気づくことなのだ。

写真とメランコリー

メランコリーになりがちな人にとって、自分の写真アルバムを眺めるひとときは、とりわけ胸に迫るものがある。

アルバムをめくっていくと、大きなカラー写真が目に入る。五歳の自分がにっこりしている。まだ生えそろっていない歯で得意満面の笑みを浮かべているのは、潜水艦と、すごく楽しそうな魚たちの絵を描き終えたところだから。お気に入りのデニムのサロペット姿で、髪がやたらに長い。それに、自分で言うのもなんだけど、とても愛らしい。

幼い自分の姿を目にして感動するかもしれないが、同時に——たぶん——深く悲しい気分にもなるかもしれない。この幼い自分がまだ知らなかった人生の苦しみがどんなにあることか！　この先まだどれほどの苦悩が待っていたことか！　どんな運命が待ち構えていたかなんて——あの晴れた日の午後は、昔住んでいた家の庭にいた。動物のかたちのパスタをボウル一杯と、いちご味のヨーグルトを食べる数時間前だったかもしれない——まったく見当もついていなかった。両親の離婚、より狭い家への引っ越し、いじめ、孤独、片思い、セックスに対するやましさ、仕事上の不運、健康問題、結婚生活の現実、お金の心配、パートナーの浮気、怒りっぽさ、老いの見苦しさ、絶えまない不安や恐れ、子育ての苦労……いくつか挙げてみたけれど、こんなのはまだ序の口で、特別ひどいものですらない(事態はもっとずっと悪くなりうるのだ)。

もう一枚、どこかの林の近くで側転を試みている自分の写真を眺めているうちに、わたしたちを生かしている原動力の一部には、「知らない」というまぎれもない事実があることにおそらく気づくだろう。知らないのをいいことに、厳然たる生物学的欲求によって生かされているのだ。だけど、五歳の頃にたちまち戻れる選択肢を与えられたとしても、これまでの人生経験を思えば、おそらくきっぱりと断るだろう。死ぬ日を楽しみに待っているわけじゃない——若くしてものごとを終わらせるつもりはない——けど、人生をまるごとやり直すなんて実際耐えられないだろう。これまでの歳月のほとんどが、なんだかんだと苦悩してばかりだった。楽しかったときや、うまくいったときも多少はあったけど、そもそも、人生のスコアシートは悲喜こもごも入り交じりすぎていて、またいちからやり直す気にはなれない。これがメランコリーな認識だ。その認識が必ずしも十分じゃないと、自分の身に起こることの大部分はなんとか耐えられるとは思えない。不安や怒り、自己不信や恐れ、孤独や切望に失われていく日々が多すぎる。わたしたちはおそらく、ふだん思っている以上に、自分の人生を嫌っているのだ。あの頃に戻って幼い自分を抱きしめ、これからやってくるさまざまな困難から守ってやりたくなる。いずれ大いに苦しむことになるこの世界でうれしそうにしている無邪気な様子を見ると、泣きたくなる。

さらにまずいことに、こんなふうに昔の自分を振り返ることで、将来の自分に疑問を抱くかもしれない。いまはまだ、ある種の希望は失っていない。新しい関係がうまくいくよう努めていたり、仕事のなんらかのプロジェクトに大きなエネルギーを注いだりしているかもしれない。それでも、昔の写真がなにかを示唆しているのであれば、十年後には（運良く生きていればの話）、五歳のときの写真を眺めながらいま感じているのといくらか同じような気持ちで、現在の写真を眺めることになるはずだ。その写真の自分もまた同じように、この先なにが起こるのかも知らず、さまざまな困難とも無縁で、現に可能なことや自分の性質や生活状況から考えると、やはりわくわくしすぎているように映るだろう。昔は無邪気だったというだけじゃなく、これから先のことに対してもまだかなり無邪気なのだ。

多くの写真にはほろ苦さが、つまり、たんにいやな感じではなく、辛さや恥ずかしさがほのかに混ざったものがある。祖母と一緒に写っている写真がある。たぶん、九歳の頃だ。祖母と一緒に過ごすのも、庭仕事を手伝うのも、祖母の家の居間でおもちゃを並べて遊ぶのも、大好きだった。思春期になると、祖母の家から足が遠のくようになったのも覚えている。祖母もとまどっているようだったし、自分の気持ちの半分もわかってもらえないだろうと思い込んでいた。かといって、説明しようとしたことは一度もなかった。祖母が亡くなったのは、会いに行かなくなって一年以上経った頃だった。そのことを思うといまでも胸が痛むし、その痛みは時とともにますます大きくなっている。

初めて付き合った人とのツーショットもある。ずいぶん長いあいだひとりぼっちだった自分をようやく受け入れてくれた人だった。とても優しくしてくれた——もちろん、相手もかなり若かったし、精神的に不安定だった。どこかの海辺で風に髪をなびかせ、こちらに腕を回しているその人はとても魅力的だ。小屋を借りて、湿原のあたりを散歩した。最終日の前日には自転車も借りた。だけど、ここでもまた苦い思いがついて回る。それから半年かそこらで、いまだによくわからない理由で、もう終わりだと相手に伝えたのだった——しかも、かなり失礼な伝え方だった。決まりが悪すぎて思いやりに欠けていた。恐れるあまり相手をひどく傷つけてしまった。ネットで確認するかぎり、相手はもう結婚して結構幸せに暮らしているようだ。自分を恨んでいるにちがいない。ときどき、夜遅く、相手に電話をかけて（どうかしているとは思うけど）いまでも愛していると伝えられたらいいのに、と思う。

大学で仲良しグループと一緒に写っている写真もある。みんな楽しそうだ。こいつは名前ももう思い出せないけど、いつも変な訛りでしゃべっていた。母親の車をぶつけて廃車にしかけたこともあったっけ。こっちは根暗で頭の切れる物理学専攻だったやつだ。話しているとすごくおもしろかった。あの貴重な学生時代をなんと軽く考えていたことか！　もっと腹を割って話せばよかった。勇気を出して真の友としてほかのみんなの力になればよかった。

わたしたちは、人生の大半が期待していたほどじゃないことに気づきはじめる。泣いているわけじゃないけど、写真アルバムを閉じるときに確信していることがひとつある。それは、この独特のもの悲しさはメランコリーと呼ぶのがふさわしい、ということだ。

母親のおなかのなかとメランコリー

幼い子の話に戻ろう。世界一有名な幼子はメランコリーだったにちがいない、と言ってもよさそうだ。イエス・キリストは非常に数奇な運命をたどることになったわけだが、そこにはひとつの普遍的なテーマがある。それが、幼子イエスの絵画や彫刻を目にするわたしたちの心を打つのかもしれない。幼子イエスも、わたしたちみんなと同じように悲しげなのは——ひとつには——胎内から出ていくよう強いられたからだ。

奇妙に思えても、そういうことなのだ。結局、胎内にいたことなんてだれも覚えていない。だから、最初の安らぎの場につねになんらかの強い郷愁を感じながら過ごしているわけではない。精神分析家のメラニー・クラインは、これを偶然とはとらえなかった。わたしたちが胎内にいたことをもし覚えていたら、観念して出てくるよう強いられたことへの深い悲しみも、いまの自分の境遇に対する不満も、程度が激しすぎて耐えがたくなってしまう、というわけだ。前へ進むための勇気の代償として、一度は手にしていたものを忘れてしまわなければならない。

それでも、自分はいまもどこかで胎内を恋しがっている、と思うことが役に立つかもしれない。つまりわたしたちは、自分がそれほど不完全じゃなかった頃、恐れる必要がなかった頃、将来への不安がなかった頃、だれかとしっかりつながっていた頃、へその緒から送り込まれる血液を通して必要なもの一切がすぐ提供されていた頃を、恋しがっているということだ。へそは、そうしたものから切り離されたときの名残りなのだ。

理由もなくふと感じる郷愁は、忘れてしまった胎内に対するものなのかもしれない。これとよく似た安らぎの瞬間が大人の世界にもある。とても優しく抱きしめてもらえたり、とびきり美味しい料理をつくってもらえたりするときもそうだ。でも、安心感という点では、どんなに一途に愛してくれる人も、こちらのニーズへの細やかな心遣いという点では、どれほど配慮の行き届いたレストランやホテルも、最初の安らぎの場でかつて与えられていたものとはくらべものにならない。

わたしたちはひそかに――しかも無意識に――ごく初期の完全だった状態を基準にして、大人である自分の体験を評価しているのかもしれない。そう考えると、ちょっとした不満やわびしさをたびたび感じるのも無理はない。聖書の楽園追放の話は、実

［上］
ジョヴァンニ・ベッリーニ工房
《聖母子》（1510年頃）
［下］
サンドロ・ボッティチェリ
《聖母子》（1470年頃）

はわたしたち自身の誕生に関する解釈のひとつなのだ。かつてはだれもが、自分からはなにも求める必要がなく、自然に糧を得られ、優しく偉大な存在の保護下にあったのだ。

たいていの赤ちゃんがちょっと悲しげに見えるのも不思議ではない。あまりにも多くのものを失ったのだから。信仰深い人は幸いだ。来世に「安らぎの場」へ帰る機会が与えられているのだから。でも、宗教とは無縁のメランコリーな人には帰るすべがない。孤独なさすらいの旅がずっと続く。できることなら戻りたくてしかたがない場所がどこかをせめてはっきりと言うことができれば、自分の願いの大きさ（そしてそのありえなさ）の理解につながるかもしれない。わたしたちは――大人の生活の醍醐味がいろいろあるにもかかわらず――いまだに胎内をどんなに心から恋しがっているかを認めたほうがいい。

天文学とメランコリー

いまの社会のステータスのしくみを鵜呑みにできないのは、メランコリーの特徴のひとつだ。わたしたちメランコリーな人間だって、関心を持つのが普通とされているものごとは十分理解している。仕事、お金、社会のさまざまな意見、最新ニュース、他人の目に映っている自分、十年後の経済のゆくえもそうだ。こうしたことが重要とされているのは理解していても、その一方でまた——心の内では——まったく関心がないのかもしれない。

わたしたちは、たんに冷淡なわけでも、思いやりがないわけでもない。そこまで人間中心じゃない観点で人類や地球のことを考える癖が身についてしまっているだけだ。目が自然に向かう先は、すぐ目の前のものごとではなく、六十億キロメートル離れたところから人類を見たらどんなふうだろう、ということだし、考えているのは、明日

無人探査機ニュー・ホライズンズが2015年に撮影した冥王星

どうなるかではなく、地球の年齢とくらべていまこの瞬間をどうとらえればいいのか、ということなのだ。

わたしたちがこんなふうに超然とした感覚を自然と抱くのは——世間で言われているような——心理カウンセリングの場ではなく、プラネタリウムや天文学教室にいるとき、月面図や無人探査機ボイジャーから送られてくる宇宙のさまざまな写真を眺めているときだったりする。太陽から236,000,000,000,000,000キロメートル〔約二万五千光年〕離れたおおいぬ座矮小銀河の渦巻きや、火星のアイオリス・パルス平原の夕暮れの写真をじっと眺めることで、メランコリーな直感を取り戻すのかもしれない。メランコリーな人にとって、天文学こそ真の友であり、NASAや欧州宇宙機関はその頂点に立つすばらしい存在なのだ。

宇宙にどっぷり浸ることで、周囲からちょっと浮いた自分のものの見方が確かめられ、堂々と自分に戻ってこられる。世俗的なことから離れている自分を、通り過ぎていく隕石や、木星の衛星の数々につなぎとめたってかまわない。孤独な心が、冥王星の南半球にあるスプートニク平原という広大な無音の氷原に真の安らぎを見出すこともある。喪失感が、月面クレーターにいくらか吸収されて和らぐこともある。人間がいかにちっぽけかを、観察可能な宇宙には1,000,000,000,000,000,000,000〔十垓〕個の星が存在することで際立たせられる。

プラネタリウムが星々を見せてくれるのは、いつの日か宇宙飛行士や宇宙物理学者になるために必要な知識を身につけさせるためだと思われるかもしれない。しかし実際には、わたしたちがちっぽけな存在であることを自分自身の目で確かめる手段を提供してくれている。つまりそれは、「どうせ自分なんか」という気持ちや、大したことをしていないという挫折感、そして孤独感を和らげるためのものなのだ。

「いま、ここ」をしっかり生きようとするもっともな理由はいろいろあるだろう。でも、一日のせめていくらかは原生代に暮らしていると考える理由のほうが、もっと説得力があるかもしれない。原生代はいまから二十五億年前から五億四千二百万年前の、単細胞の真核生物が原初の海の底で進化していた時代だ。地球史を通して生命が姿を現しつつあったこの時代に、さまざまな不思議な生き物と共存している様子を想像することができれば、口うるさい同胞の人間とはどうも反りが合わない、と感じても自分を過度に責めずにすむ。たとえば、ユニークな見た目のプシッタコサウルスはオウムトカゲという意味で、一億年以上前に生きていたし、犬くらいの大きさで房状の尾を持つ二足歩行のカオヤングサウルスは、一億五千年ほど前に地球上のあちこちを歩き回っていた。

うまくいくことの少なさを嘆き悲しむわたしたちにとって一番の慰めは、恒星が安定している状態の平均寿命はたかだか百億年であり、わたしたちの太陽はすでにその半分近くを燃焼してきたことを思って自分自身を励ますことだ。いま中年期にある太陽は、やがて光度を増していき、地球の海という海を蒸発させる。その後、水素を使い果たして赤色巨星となり、膨張しつづけて火星にまで達する。当然、地球全体が、いまわたしたちをこんなにいら立たせているすべての人々が、すべてのものごとが、すっかり飲み込まれてしまう。

悲しみの涙は、生きとし生けるものすべてが見舞われることになる、とてつもない災難を思って紛らわせたほうがいい。なにもかもが無意味に感じられたら、地球には大量絶滅が五回あったことを思い出せばいい。あらゆる逆境には、この宇宙には全部で四百億の惑星系がある、と答えておけばいい。不安に駆られるデートやスピーチの前には、まじないでも唱えるように、天の川の端から端まで行くのに十万光年かかること、観測可能ななかでもっとも遠い銀河はGN-z11〔おおぐま座の方向にある高赤方偏移銀河〕で、自分がふだん利用しているレストランや会議場から三百二十億光年離れていることをつぶやけばいい。

メランコリーなわたしたちは、あらゆることがちょっと無意味なんじゃないかと思いがちだ。天文学を通じて、可能なかぎりもっとも興味をそそられ、知らず知らず前向きになるやり方で、なぜ、いかに、実際そのとおり無意味であるかに気づくことができるのだ。

風景とメランコリー

現代社会に暮らすわたしたちは、一生のほとんどを見苦しい環境で過ごす。大気汚染で鉛色にくすんだ空の下には、高速道路、倉庫、貨物駅、シャッターに落書きされた廃業店舗がひしめいている。こうした環境にわたしたちは絶えずささやかれている。人間なんてお笑いぐさだ、さっさと家に帰ってベッドに潜り込んだほうがいいんじゃないかと。

かと思えば、ごくたまに、非常に美しい環境にたどりつくこともある。この古民家に到着したのは昨晩遅かったから、早朝のいまようやく、自分がいる場所を目にすることができる。さびついた重いよろい戸を開けると、すぐ目の前に景色が広がる。なだらかにうねる丘が並び、そのところどころには深緑の糸杉、ラベンダーやケシの花畠が、地平線上には白い村がぽつんとあり、果樹に取り囲まれた小さな教会が見える。

この古民家の下方に流れる小川、その周辺にはしだれ柳やブルーベルの茂み……こうしたすべてが申し分のない紺碧の空の下に姿を現し、まるでだれも楽園から追放されたことなどなかったかのように、死や苦悩といったものも存在しなかったかのように思われる。だれかが人類の悲劇をこの場所に伝え忘れたのだ。

こうした眺めを楽しみながら太陽のぬくもりを顔に浴びる。これまでに目にしたり訪れたりしたなかでも、おそらくこのうえなくすばらしい環境に思える。つい昨日まで都会のアパートにいたなんて。雨染みのついた向かいのコンクリートの壁に面した窓は、下で信号待ちをしているトラックのアイドリングの音でいつも揺れていた。

うれしいはずだし、うれしいと言えばうれしい。すごくうれしい。農夫がひとり、ヤギの群れを連れて丘を越えていく。子どもが数人、自転車で村のほうへ向かっていく。なのに、この美しさに、メランコリーな気分へとじわじわ追い込まれてもいる。ものの悲しくなるのは、美しさが足りないからじゃなく、まさにあまりにも美しいからだ。この場を長く離れていることにも、ここから追放された状態で人生の大半を暮らさなければならないことにも耐えられない、そういうたぐいの美しさだからだ。

美しさのせいで、それに先立つ見苦しいものが浮き彫りになったのだ。昨日まで気づけなかったのに、ふだん身の回りに、失望、暴力、浅ましさ、屈辱がいかに多いかに気づく。一四三〇年頃に石工たちが建てたあの小さな白い教会を目にし（朝食のあとで行ってみよう）、自分の心にどれほどの苦悩が潜んでいるかにようやく気づくことができる。いままでずっと苦しみを抱えていなかったわけじゃない。悲しみをこらえつづけて麻痺していただけだ。それは、そうした悲しみを解き放つ場所がどこにもなかったから、悲しむよりほかになかったから、自分がどれほど妥協しているかに気づかせてくれるものが一切なかったからだ。

この風景の美しさは、思いやり深い友人のようなものだ。いろいろあったあとで、そっと手を取り、どうしていた、と尋ねてくれる。しかも、こんなにも優しい気遣いを示してくれるものだから、ついわっと泣き出してしまい、しばらく涙が止まらない自分に驚く。自分がどれほどの苦悩を抑え込んでいたかに気づくには、優しさが必要なのかもしれない。状況がどれほど見苦しくなっているかに気づくには、美しさが必要なのかもしれない。

当然、なんとかしてここに移り住みたい。そして——これまでも何度もひそかに考えてはいつも実現しなかったように——仕事を辞め、いま住んでいるアパートを売り払い、人生の残りの日々を田舎の小さな民家で暮らしてもいいのではないか、と思う。毎朝、目を覚ますとそう考えながら、新聞とパンを買いに出たものだった。そんなことは決して起こらないとわかっているだけに、ますます悲しみが募ってくる。もっと良い暮らし方があることにも、それと同時に、暮らし方を変えられない愚かな自分にも、気づかせられてしまったからだ。

わたしたちの胸を打つのは、かたちあるものの美しさだけじゃない。その美しさから連想される、信頼、明快さ、願望、美徳といったすべてだ。自分が大切にしているこうした価値観の一切から、なぜこれほど遠く離れてずっとさまよっているのか。大事なことを見失ったままで、どうして平気でいられるのか。いま泣いているのは、ここが本来の居場所なのに、たどりつく方法がわからないからだ。帰りの便はあさってだというのに。

わたしたちはこうした美しさを十分味わえるようにはなれそうにない。あきらめ、失望、降参ならお手のものだし、負けることなら名人級だから、美しさを目の前にするとまごついてしまう。次から次へと写真を撮るけど、本当に求めているのは写真なんかじゃない。風景写真を撮るだけじゃなく、別の人間になりたいのだ。

そういうわけで、よりによって世界でも指折りのすばらしいところにいるというのに、見事に悲しい気分になる。だれかが部屋に入ってきて、こちらの目に涙があふれていることに気づく。その人は親切にも、なにか食べるものでも買ってこようか、それともタクシーを呼んで観光にでも出かけようかと考えるけど、こちらは説明の糸口さえ見つけられないほど、かなり様子がおかしくなっている。これまで見過ごしていたちょっとした親切心にうれし涙が流れる。感情的に臆病で不器用すぎるせいで、どうすれば自分のものにできるかがわからない幸せを目の当たりにして涙が流れる。旅行者でいたくない、生まれ変わりたい、だから泣いているのだ。

内向性とメランコリー

メランコリーな人はおそらく、そもそも内向的でもあるはずだ。現代社会は内向的な人もその正反対の人もどちらも尊重する、なんて言ってはいるけど、実際には、その行動も、見返りも、魅力もすべて、外向的な人たちの才能や気持ちに一致するよう、まさに想定されている。まともだと思われたり、成功を収めたりする可能性を少しでも得るには、外向的な人がもともと得意そうな離れ業をなんとか成し遂げなければならない。初対面の人に好印象を与える、大きな会議に出席する、スピーチする、ライバルに秀でる、人を指揮する、喜んで参加する、世論を反映する、社交的である、よく旅をする、気軽に出かけて幅広くお付き合いする、などなど。

気づくのにかなり時間がかかるかもしれないけど——そうでないことをどれほど願おうと——実際、わたしたちはそういうタイプじゃない。わたしたち内向的人間は、パーティーへ出かける前にひどく心配になってくる。スピーチの前は死にそうな気分になる。どんな社交行事でもかなりまごつく。たまたま見聞きしたニュースやソーシャルメディアにひどく落ち着かない気分にさせられる。毎日数時間はひとりでじっくり思索にふける時間がとれないと、具合が悪くなってくる。初めての場所（特に寝室）にいるとひどく不安になる。職場で人を監督する立場になるのは非常に決まりが悪い。楽しい場や、なんであれ集団のエネルギーを見せつけるような場にはきわめて慎重になる。ハグがいやなわけじゃないけど、ハグしようと勢いよく向かってこられると、つい固まってしまう。

反対に、わたしたちは家にいるのは大好きだ。本数冊とノートパソコンがあれば、週末まるまる（あるいは数年でも）とても楽しく過ごせる。この世で間違いなく好き、と言えるのは三人ほど。頭のなかのいろんな部屋を探るのが楽しい。自分の弱さや不安を話してくれる友人に安心させられる。パーティーなんか二度と行かずにすめばいいのにと思う。静かすぎる状況に文句を言うことはまずない。穏やかな風景や平穏無事な日々を大切にする。花も大好きだ。

現代社会では、このすべてが強い疑念をもたらし、わたしたちを苦しめることがある。自分はなぜこうも内気なのか。なぜみんなと一緒に歌えないのか。なぜ出かけていって祝えないのか。そして、自分は変わり者なのだ、ひょっとすると病気かもしれない、と結論づける。人とかなり違っているだけかも、と受け入れられるようになるのはずっとあとだ。

メランコリーで内向的な人は、ほかの人が気づかないような「ちょっとしたこと」から絶えず影響を受けている。パーティーや会社の会議でどっと疲れてしまいがちなのは、おしゃべりしたり自分の意見を述べたりするだけじゃないからだ。いまの自分の発言がみんなにどう思われたかがどうしても気になってしまう。自分はなにか重要な関係性を見落としているのではないかと考えてしまう。部屋の隅にいるだれかから妙な反感らしきものを向けられて動揺してしまう。場にそぐわないまぬけ面をさらしているんじゃないかと心配になってしまう。わたしたちは――必要とあれば――人間喜劇の鋭い観察者だけど、毎分毎秒、へとへとになるほど自意識過剰でもある。

人とのつながりを強く望んではいる。だけど、人間関係は、はじめのうちは特に、一種の地雷原だ。本当はどう思われているのか。相手に対する性的欲望を口にしていいものだろうか。うんざりされているんじゃないだろうか。家に帰って本でも読んでいたほうがましかもしれない、と思うのも無理はない。

難しいように思われるけど、内向的な人の人生も、非常に快適で豊かなものになりうる。わたしたちは、人よりはるかに少ないもので十分満足できる。騒ぎ声も注目も不要だ。大規模パーティーをどこでやっていようと興味なんてない。地味な格好で近所をぶらついたり、一緒にいて気楽な数少ない友人とおしゃべりしたり、散歩したり、風呂でのんびりしたり、そういうことがしたいだけだ。ちゃんと心に響かせていれば、ものごとには実に多くの意味が含まれていることがある。わたしたちはこれまでにいろんなものを見てきたし、旅もたくさんしてきたし、本もたくさん読んできたし、さまざまな騒動も乗り越えてきた。これ以上はそんなに必要じゃない。内向的な人とは、できごとやほかの人の本質を理解する準備がきちんとできている人のことだ。なぜなら、手強いもの、強烈なもの、共鳴するもの、美しいもの、恐ろしいもの、こうしたすべてを経験からわかっているからだ。

幼い子は当然内向的だ。知らない人が部屋に入ってくると、とっさに親のもとへすり寄る。子どもに罪はない。いま入ってきたその人は、やたらでかくて、聞き慣れない声でいきなりあれこれ話しかけてくるのだから。そうじゃなく、しばらくは慎重にそっと見ていてくれるほうがずっと自然なのに。それに、子どもは外からの刺激をそれほど必要としていない。厚紙の箱のふたでしばらく遊んでいれば夢中になれる。窓ガラスの雨粒が追いかけっこする様子をじっと眺めているだけで十分楽しめる。床に寝転がって、一本の木を何度も繰り返し描くことに夢中になっているうちに、あっという間にお風呂の時間だ。それに、子どもはすぐぐったりする。にぎやかなお誕生日会に一時間もいれば、まっすぐ家に帰って昼寝が必要になる。

メランコリーで内向的な自分の性質をわかっていることは、たんに感受性豊かな自己認識のひとつではない。心の健康《メンタルヘルス》に関わることなのだ。自分の内向性ときちんと折り合いをつけられないと、過剰な負担と、そのあとに生じる不安や被害妄想《パラノイア》へまっしぐらになるからだ。神経衰弱《ブレイクダウン》ということばが指しているのは、静けさ、安らぎ、自分への思いやり《セルフコンパッション》、調和をもっと求める内向的人間の心の叫びにすぎない場合が多い。だから、年季の入った内向的人間は、社交的な予定をなるべく入れないようにする必要性をわかっている。内向的な人の平静さは、ひとりになる時間を持つという、自分に必要なルーチンをきちんと守れるかどうかにかかっている。わたしたちにはとにかく、自分の個性を構成しているものを人に説明する語彙はある。次なるステップは、そうした個性を大事にして、人々がそれぞれの気質にふさわしい、より平穏な生活を送るのをきちんと認められるようになることだろう。

セックスとメランコリー

　セックスは、なんといっても、とことんありのままでいられるひとときだ。わたしたちは日常生活のほとんどで、本心を偽って装ったり、陰で妥協したりしなければならない。自分の本当の願いや夢の大半を明かせないまま、いつかどこかでだれかの感情をひどく害してしまうのではないか、いまいましい変なやつと思われるんじゃないかと、びくびくしながら生きていかなければならない。

　それがようやく、自分が惹かれ、同じように感じてくれている相手とベッドをともにし、警戒心をゆるめられる。もう装う必要はない。ふたりだけの最高に親密なひとときだ。長いあいだずっと――心の片隅で――したくてたまらなかったことがついにできる。完全に言いなりになる、あるいは、容赦も妥協もしない一面を探ってみるかもしれない。別のジェンダーの服を着てみたり、卑猥でタブーなことばを連発し、相手にもそっくりそのまま繰り返すよう求めたりするかもしれない。どういう点でありのままでいたいかは人それぞれとはいえ、その望みは決まって、すごく重要なのに、社会通念によってこれまで阻まれてきたように思われるなにかにたどりつけることだ。

メランコリーな人間は一種独特の観点から、セックスで得られるありのままの姿に到達しようとする。縄とか革とか、スタッズや毛皮つきの首輪とかには、おそらくそんなに興味はないかもしれない。もっと、まったく異質なものに興奮することがある。それは、泣くことだ。

メランコリーな人にとってもっとも根本的な事実は、人生は際限のない苦悩に満ちていて、しかもそのほとんどを隠さなければならないということだ。幼少期に感じた辛さ、思春期の挫折、職業上の不安や激しい疲労、パートナーとの関係におけるさまざまな欲求不満やいらいら、家族のいろいろな問題、夜中に感じる実存的恐怖、ほとんどいつもつきまとっている不安……こうした苦悩の大きさをふだんは説明する気になれない。見えないどこかで、うんざりした悲しみという耐えがたい重荷を背負いつづけている。しかもほとんどの場合、そのことを口にできずにいる。微笑み上手で、人を喜ばせることに長けている。でも、当人の悲しみは消えない。そうした悲しみが、ふだん装っている感情の薄皮のすぐ下にいつまでも残っていて、ちらっと現れるきっかけ——一編の詩や一枚の写真だったりする——をうかがっている。

でもいまは、感受性豊かな人と一緒にベッドにいる。その人がすばらしいのは容姿のためではなく、苦悩を読み取って理解してくれるからで、(肉体的なこと一切と同時に)なによりもせきたてられるのは、鞭で打ったり命じたりすることでも、髪を引っ張ったり大声を出したりすることでもなく、泣き崩れることだとわかってくれているからだ。何十年もどんなに辛い思いをしてきたか、勇ましく見せなければならなかったか、どれほどの葛藤をぐっと抑え込んできたかを思うと涙がこぼれる。愛し合うと同時に泣いているのは、いままでだれにもわかってもらえなかったから、絶えず屈辱を受け、軽んじられ、おびえてきたから。そしてそれが、つかのま、もしかしたら終わるかもしれないからだ。

相手も同じようにしていれば理想的だ。相手もまた自分の悲しみをベッドに持ち込んでいる。こうして愛し合うふたりはすばらしい贈り物を惜しげなく交わすことになる。それは、生きていることのくだらなさに対するありのままの反応だ。傷つきやすさへの恐れはもうない。自分の肉体をあらわにするのは、こんなふうに感情をあらわにすることにくらべればなんでもない。ふたりはかつてないほどありのままの姿であり、それこそが人生でもっともエロティックなひとときなのだ。

このエロティシズムが鍵だ。泣いている人の姿はいじらしいだけでなく、性的に興奮させるものがある。わたしたちがエロティックに感じやすいものには、大切にしていながらも、日常生活ではあまりにも長いあいだ切り離されてしまっている、ある感情が含まれている。涙を見ると性的に興奮するのは、それが長らく失われていたありのままの姿を象徴しているからだ。

非常におしとやかで、しかもおそらく、非常に魅力的な明るい人のなかにも、興味の尽きないセックスパートナーになりそうな人はいる。それでも、そういう人を上回る大きな強みがひとつ、メランコリーな人には必ずある。それは、オーガズムと涙を結びつけられることだ。

メランコリーな人たちにはこれまで、自分の性的指向に対するためらいがあったため、悲しみを伴うセックスへの好みはあまり知られてこなかった。ところが、メランコリーが以前とくらべてよく知られるようになるにつれて、より多くの人たちが、相手と一緒にとことん満たされたい、という隠れた強い願いに気づきはじめているのかもしれない。閉ざされた薄暗がりのなか、ふたりで恍惚とした悲しみにようやく浸ることができるのだから。

性交後とメランコリー

セックスが世間でときどき言われているように気楽なものなら、その行為の前ではなく終わったあとに、はっきりとわかるなんらかの違いは感じないと思うはずだ。ところが実際、わたしたちの多くがオーガズムの直後に経験するのが、親密さや喜びというよりは、一種独特のいっそう孤独で奇妙な悲しみであるのは、口を開けばどうしたって、恩知らずや意地悪そうに聞こえてしまうからだ。わたしたちは——人生における大いなる快感のひとつを味わった直後に——強烈な性交後メランコリーに陥るのかもしれない。

薄暗がりのなかで横たわり、相手もすぐそばで静かに休んでいるのに、なかなか寝つけないことがある。理性が胸の内をくまなく調べ、眠らせてくれない。気を抜かずにいると同時にびくびくし、重苦しく、悲しくなることがある。これほど歓喜に満ちたものが、どうしてこのような悲しみを引き起こすのか。

性交後メランコリーの原因はたいてい、ふたりがベッドでこういうことになってしまったことへの一種の恥ずかしさにある。セックスは日々のおこないや信条とは大きく異なる激しい感情を引き起こしうる。セックスを大義名分に、ふだんは冷静で穏やかな人が縛り上げて鞭で打ってくれと懇願したり、とても誠実で慎重な人が結婚の誓いをことごとく破ったり、聡明で思いやりのある人が騒々しいナイトクラブで深いつながりがまったくない人を相手に何時間もおしゃべりしたりする。

オーガズムに達したとたん、自分の不誠実さが意識にのぼる。昔だったら、こういうときは教会や寺にでも向かっていただろう。大急ぎで聖水を浴びたり、重々しい表情の聖職者の前で罪滅ぼしのまじないを唱えたりしていただろう。いまなら「そんなのは迷信だ」とばかにされるかもしれないが、こうした神聖な儀式があったのにもちゃんと理由がある。当時の人々はこうすることで、エロティックなものの強烈な魅力も、それと矛盾する、人間の精神はもっと高尚だとする主張も、どちらも認めていた。善良な人が自尊心、貞節、分別を切に願いながら、同時に、性的倒錯や不道徳なおこないに惹かれてしまうかもしれないことに理解があったのだ。

わたしたちがメランコリーな性的後ろめたさを初めて感じたのは、たぶん思春期だ。小さい頃はとにかく愛らしい存在だっただろう。母親にはなんでも話せただろうし、お馬さんに乗ったりおもちゃの電車で遊んだりしていればご機嫌だったかもしれない。それがある日突然、バスルームにしょっちゅう閉じこもり、ある種のシーンばかり思い浮かべるのが欠かせなくなった。終わったとたん、闇のようなものが自分のなかに棲みつき——いろんな意味で——二度と離れなくなってしまった。

メランコリーと後ろめたさがとりわけ表面化するのは、自分は特に愛しているわけじゃないけど、すごく愛されているかもしれない、そんな相手と過ごしたあとだ。一時の快楽のためにこんな不道徳なふるまいができるなんて。欲情してしまったそのからだの持ち主である優しい相手のほうを向き、自分の矛盾したふるまいや数々のうそを告白し、どうか許してもらえないだろうかと尋ねられたらいいのに。たったいま起きたことにもかかわらず、自分には相手に対する特別な気持ちが一切ないことをせめてわかってくれれば……そう思うと相手が気の毒でたまらなくなるのかもしれない。

性交後の気だるさのなか、どれだけの時間を火遊びに浪費してきたかに気づく。そのための計画やたくらみにつぎ込んできた時間で、原稿を完成させたり、事業計画書を書き上げたり、大学に論文を提出したりできたかもしれない。お風呂の時間までに帰ってきてね、とせがんだ幼い子どもたちの面倒をみてやれたかもしれない。

わたしたちがなによりも望んでいるのは、いろいろあっても、自分がまあまあ優しい人間であることに変わりはなく——やり繰りしなければならない複雑な問題をいろいろ抱えているひとりにすぎない、という安心感だ。ある種のセックスのあとにメランコリーな気分になるのは、人生がもっと単純だったらいいのに、セックスのせいで自分の思いとは違う方向へ引っぱられなければいいのに、同じ人だけをずっと愛して求めることができたらいいのに、と思うからなのだ。

歴史とメランコリー

人類の歴史には恐ろしいできごと（戦争、大量虐殺など）があふれているが、多くの人はそれでもなんとか進歩を信じている。ものごとは大筋では良くなっていて、人類の未来は明るい、と確信している。

一方、メランコリーな人は、こうした楽観主義を共有することができない。過去に目を向けるやいなや、信じられないような恐怖や苦悩を心に思い描く。なかでも気になっているのは、容赦なく消滅させられた文明が数多く存在してきたことだ――存続していれば多くのものをもたらしてくれていただろうに、と思う。

メランコリーな人は、それぞれの経験から熟知しているある命題を歴史が裏づけているような瞬間に興味を引かれる。最善のものが勝つとはかぎらない、ほうびはそれに値しない者が手にすることが多い、気高さゆえに侵略者を打ち負かす力を奮い起こせない場合がある、といったことだ。メランコリーな人がかつての文明の廃墟で気づくのは、荒々しい状況で美徳や道義心がたどった運命についてのひとつの教訓だ。

たとえば、五世紀はじめのブリテン島〔現イギリス〕に思いを馳せるかもしれない。当時、ウェルラミウム〔現セント・オールバンズ〕やリンダム〔現リンカン〕、エボラクム〔現ヨーク〕の街並みは左右対称に設計され、石灰岩と大理石の温泉浴場がアクアエ・スリス〔現バース〕にあった。店には、スペイン南部産オリーブオイルやガリア〔現在のフランスやベルギーを含む一帯〕産ぶどう酒がアンフォラ〔両取手つきの壺〕入りで売られていた。ギリシャ産塩漬け魚、シチリア産塩漬けオリーブの実も手に入った。そこには高い秩序とある程度の正義があった。そのわずか数年後、ブリテン島での四世紀にわたる古代ローマ支配が残念な結末を迎えた。ゲルマン民族がライン川をいまにも渡りかねない勢いで進み、ローマにおける政治がとりわけ油断できない状況になりつつあった。各地の軍団はローマに戻るよう突如命じられた。ブリテン島各地のヴィラ〔農地つき邸宅〕の所有者たちにはろくに準備する時間もなかった。サクソン人、ピクト人、スコット人の集団が襲撃し、目に入るものを手当たり次第に略奪したり破壊したりした。侵略者にはその用途が見当もつかないものが多く、ほとんどが放置されて荒廃した。たんに、これほど洗練されたものを目にして受けた威圧感を減らそうとしただけかもしれない。ローマ支配の関係者だれもが危険にさらされていた。大混乱のなかを逃げていく家族たちは、ヴィラの敷地内に貴重品を埋めた。いつの日かローマ帝国が再建すればまた戻ってきてやり直せるかもしれない、という期待は結局、無駄だった。

その後ブリテン島には、温泉浴場がひとつもない状態が千二百年、古代ローマ様式の建物が新たに建てられることのない状態が千二百三十五年続いた。貨幣は使われなくなり、物々交換に戻った。ローマ支配下に造られた道は荒廃し、町から人がいなくなった。コリント様式の柱廊玄関《ポルティコ》がある五階建て石造建築が、藁葺き屋根の木造あばら小屋に取って代わられた。

古代ローマの支配がもっと徐々に解けていたら、征服者たちの怒りや暴力がこれほどでなかったら、歴史はどのくらい違っていただろうか。状況が逆だったら、人々は六世紀のポンスアエリウス〔現ニューカッスル〕でオウィディウス〔帝政ローマ初期の詩人〕やセネカ〔古代ローマの思想家〕を読んでいたかもしれない。八世紀のマーシア王国のオファ王の時代にドゥロコルノウィウム〔現スウィンドン〕でドリス式アーチのある温泉に浸かっていたかもしれない。暗黒時代もなかったかもしれないし、千年待たずともルネサンス期に入っていたかもしれない。キリスト教の布教にしても、あそこまで乱暴に押しつける必要はなかったかもしれない。ローマでも、フォロ・ロマーノ〔ローマ中央広場〕の中心にあるアントニヌス・ピウスとファウスティナ神殿を衝動的に破壊したうえで、その内部に教会堂を乱雑に建てて進歩と呼ぶこともなかったかもしれない。

メランコリーな人は、失われてしまったものすべてを残念に思う。あの獰猛なスペイン人探検家エルナン・コルテスが、一五一九年の夏も終わる頃にキューバ沖で難破でもして、殺戮を繰り返しながらアステカ帝国の首都テノチティトランまで進んでいくことがなかったら、南北アメリカ大陸はどう違っていただろう、と夢想する。庭園と湖の都市テノチティトランは、最盛期には四十万人が暮らす当時の世界最大かつ非常に洗練された端正な大都市だった。植物園、オラマリストリの球戯場、整備された居住区、それに、板状のダークチョコレート、コーンブレッド、カラフルな色のオウム、ジャガーの皮革などが売られている活気あふれる市場があった。メランコリーな人は、このアステカ文明が当時の君主モクテスマ二世やその後継者たちの治世のもと、もっと長く続いていたらと思う。そうすれば、ヨーロッパ人と対等に出会うのに必要な、馬、鋼の剣、免疫を手に入れられていただろうに。テノチティトランはいまごろ、メソアメリカ版パリか京都かといった感じの、現代性との調和がとれた文化を誇る、世界でも指折りの大都市の様相を呈していたかもしれない。この都市の玄関口、エッァルクワリストリ〔アステカ暦の六番めの月の意〕国際空港を拠点とする航空会社の最新ジェット機には、その尾翼に〔アメリカ人ならおそらくエイブラハム・リンカーンを思い浮かべるように、現代アステカ人が重んじ、ある種の郷愁を誘う存在として）軍神・太陽神でアステカの部族神でもある、ウィツィロポチトリが描かれていたかもしれない。

同じように、グラナダ王国を治めていたナスル朝も、一四九二年にあんなふうに決定的な終わり方をしていなければ、ムハンマド十一世がカスティーリャ王国のイサベル女王一世と取引できていたら、アルハンブラ宮殿の精緻な装飾がほどこされた部屋から治められてきたこの文明の進んだ王国が、学問の中心、さまざまな信仰の場、数学と詩の中心でありつづけられたのに。やはり同じように、ヴェネツィア共和国が一七九七年のフランス軍との戦いに持ちこたえていたら、趣のある歴史的観光地ではなく、活気あふれる独立都市国家のままで、交易と芸術に力を入れるアドリア海版シンガポールになっていたかもしれない。そのシンボルであるサン・マルコの有翼の獅子が、電動式ゴンドラの両側にも、ネットのポータルサイトにも、誇らしげに掲げられている様子まで思い浮かべられる。

北米大陸も、ヨーロッパ移民による西部開拓の動きが協定によってロッキー山脈で終わっていたら、どんなに興味深い結果になり、また、国内問題もどんなに少なくてすんでいただろう。そうなれば、旅行者はいまでも、ショショーニ族、パイユート族、ナバホ族、アパッチ族の各領地に入っていくことになったはずだ。もし、いまのソルトレイクシティの近くにゴシュート族の低層大都市があったら、サンフランシスコの代わりにポモ族の首都クヌラ（部族神であるコヨーテの名前）があったら、アメリカ西部のどのファストフード店でもドングリ、カボチャ、サボテンの多肉葉を中心とする料理が提供されていたら、アメリカ例外論への強力な反証になっていただろう。

　メランコリーな人にはちゃんとわかっている。最高の文明、もっとも賢明な文明、もっともふさわしい文明が、必ず勝つとはかぎらないことを。勝つのはたいてい、殺戮、ルール破り、侵略ばかりしていて――おまけに（多くの場合）、飼いならせる大型ほ乳動物に乗って戦いに出かけたり、火薬づくりが二百年早かったりした地域で運良く続いてきた文明であることを。勝者によって語られる歴史の陰に、はるかに悲しい事実が見えてくる。それは、立派であっても敗れることはある、ということだ。また、願わくば、名誉ある敗北というものが実際にありうることにも気づくかもしれない。それは、成功をはるかに上回る美徳の数々をあきらかに示している敗北だ。誠実さ、想像力、寛容さを際立って備えているからこそ敗れたのだ。歴史のいわゆる「敗者」から学ぶべきことはたくさんある。現実政治《レアルポリティーク》やパワープレーについてというよりは、真に文明的な暮らしとはこういうものかもしれない、ということについて学べるはずなのだ。

正しさとメランコリー

相手が善人かどうかを見きわめるのに必要な問いかけは、ただひとつ。あえてシンプルにこう尋ねればいい。「あなたは自分を善人だと思いますか?」

これに対する納得のいく答えはひとつしかない。本当に善人で、思いやり、我慢強さ、寛容さ、歩み寄り、謝罪、優しさというものを理解している人であれば、決まってこう答えるはずだ。「いいえ」

善人であれば、自分にはやましいことが一切なく、純真だなんて思うはずがない。善良性とは、自分は悪人になりうる、つまり、思いやりに欠けたり、残酷で独りよがりになったりしうる、という強い自覚があってこそのものかもしれない。真の善人であるからこそ、自分はひょっとすると極悪非道なのかもしれない、と絶えず疑心暗鬼になってしまうにちがいない――おまけに、ほかのだれかを極悪非道呼ばわりすることへの根本的なためらいがあるにちがいない。

自分の性格を気に病んで夜も眠れない、なんてことがないのは真の悪人だけだ。もしかすると自分はひどい人間かもしれないなんて、この世界でもっとも気難しい、あるいはもっとも危険な人間は思いもしないのがつねだ。

人間がこれまで犯してきた悪行の最たるものが、中途半端に道義心のある人たち、自分は間違いなく善良な側にいると信じて疑わなかった人たちによっておこなわれてきたことは、ぞっとするようなパラドクスだ。

メランコリーな人は、自分が不純な人間であることをよくわかっていて、その罪深さを知り尽くしている。さまざまな場面での自分の愚かさも、相手への思いやりのなさも、いつまで経っても覚えている。こうした自己認識は愉快なものではないが、そのおかげでいたって誠実でいられる。

歴史上もっともメランコリーな人物のひとりは、もっとも思いやりのある人物でもあった。「ヨハネによる福音書」八章にこんなエピソードがある。イエス・キリストがガリラヤからエルサレムにやってきてまもない頃、数人のパリサイ人（ユダヤ教の伝統と戒律の厳守に重きを置く宗派の人々）がイエスに向かってある人妻を指して言った。その女性は夫以外の男性とセックスしているところを見つかって捕えられていた。「先生、この女はまさに姦淫しているところを見つかったのです。律法では、姦淫した女は石打ちによる死刑に処すべし、とモーセが命じています。で、あなたはどうしろとおっしゃるのですか?」

イエスは窮地に立たされる。不倫はまったく問題ないと言うのか(つまり、性道徳上、大きな過ちとされていることを大目に見るのか)。それとも、日頃から愛と許しを穏やかに説いてはいても、結局、自分が批判しているユダヤ教権威者となんら変わらない、厳格な律法主義者にすぎないのか。イエスは機転を利かせる。この群衆にはその女性を石打ちにすることが認められているのをきっぱりと否定はしない。ただし、ささいなようで、実は画期的なひとつの条件をつけ加える。この女性を心ゆくまで石打ちにし、死に至らしめてもよい、ただし、それはなによりもまず、自分は必要不可欠な基準を満たしていると絶対に確信できる場合にかぎる。それは、自分は一度たりとも過ちを犯していない、ということだ。

重要なのは、ここでイエスが言っているのは、この人たちの不倫の有無についてではないということだ。人生のどんな場面においても、いかなる過ちも一切犯したことがないかどうか、ということなのだ。道徳的に完全に潔白な者だけが、手厳しく、高圧的で容赦ない態度を罪人に示すことを許される。ここに、重要な倫理原則のひとつが示されている。自分を清廉潔白とみなしていいのは、特定の分野でやましいことがない場合ではなく、どんなときでも、どんな状況でも、いかなる過ちも一切犯していない場合なのだ。ちょっとしたなんらかの過ちを犯したことがあれば、それがいま議論している罪とはほど遠くても、その罪人の立場で考える力を最大限発揮し、相手に自分を重ね合わせてみるよう努め、大いなる慈悲と思いやりを示す義務がある。姦淫の罪を犯したことはなくても、もっと広い意味では罪と無縁ではない――だから、許さなければならない。このパリサイ人たちへのイエスの答えは不朽の名句となっている。「罪のない者が、まず石を投げなさい」。この戒めを理解した群衆は石打ちの道具を下ろし、おびえていた女性は命拾いをした。

このエピソードが非難している真の対象は、人間ならだれしも抱えている永遠の問題のひとつ、独りよがりだ。イエスの真意はこうだ。善人になる一番確実な方法は、ある種の過ちを一度も犯していないのを誇ることではない。自分にも愚かだったり残酷だったりしたことが別のときには当然あったと気づき、その気づきを、「石打ち刑にする」自分たちの権限に委ねられている相手への深い同情心につなげることなのだ。自分自身の過ちをしっかり自覚している社会は、きっと非常にメランコリーな社会だろう。つまりそれは、まれに見る思いやりのある社会でもあるはずだ。

恋焦がれとメランコリー

スーパーのレジに並んでいるとき、図書館の閲覧室にいるとき、電車の隅の席に座っているとき、都会の雑踏で信号待ちをしているとき、それは前触れもなく訪れる。ひと目でわかり、確信し、恋い焦がれはじめる。あらゆるディテールをこっそり見て取る。その人の耳たぶ、髪がかかる様子、瞳の色、手首。もっといろいろ想像を膨らませることもある。ぎこちなくも喜びにあふれた初めてのあいさつ、最初の頃のデート、公園の散歩、ためらいがちに初めて触れた手、初めての甘いキス、海辺への小旅行、同棲、結婚、いつも元気いっぱいで愛らしいふたりの子ども。どんな人柄かもだいたいわかる。思いやり、冒険心、茶目っ気があり、気立てが良い。ほかの人たちや、政治、インテリアデザイン、旅のスタイルやお金の管理のしかたについて、すごく意見が合いそうだ。いつだってともに喜び、ともに悲しんでくれるだろう。自分のことをからかったり、ちょっと叱ったりすることもあるかもしれない、でも、相手の言うとおりだし、自分だって相手のために良くなりたいと思う。その人がいま、ちょっと前かがみになって考え込んでいる様子が愛おしい。その髪を持ち上げ、そっとうなじをなでている自分を想像する。問題を抱えているのなら喜んで力になろう。面倒な親がいるのか、職場の心配ごとだろうか。そして今度は、自分が抱えている苦労も打ち明けよう。だれかがこちらの頭のなかをのぞき込み、いま考えていることをすべて見透かされるかもしれない、と心配になるけど、ばかげた空想を無言でおこなうのを禁止する法律は(いまはまだ)ない。自分は完全に無表情のままだ。むしろ、周囲の状況にまったくと言っていいほど関心がなさそうな表情をしている。たとえ前頭葉の奥では、まさに、この愛しい人と一緒に新しいアパートのリビングルームか丸太小屋のペンキ塗りをしている様子をありありと思い浮かべていてもだ。そのとき、始まりと同じように、さっと、信号が青に変わる、電車が駅に着く、その人が閲覧室の席から立ち上がる、急に向きを変えて袋入りのサラダが陳列されている通路へ入っていく。そして、自分の胸が締めつけられる。

ここに矛盾が、そしてどうしようもない狂気の沙汰がはたらいている。まず、運命の相手かもしれない、とまで感じた見知らぬ人に近づくための努力をほとんどしようとしない。微笑みかけてみるのが普通じゃないだろうか。せめてまともに見ようとすべきじゃないだろうか。いや、そんなことをするくらいなら死んだほうがましだ。わたしたちは、だれかを煩わせることをつねに恐れている。ほんのちょっとでも他人に迷惑をかけることへの極度の恐れが生まれつき備わっている。そこには、そもそも自分なんか受け入れてもらえるはずがない、という確信が潜んでいる。その見知らぬ相手への恋心が強すぎるあまり、根っからのひねくれ者である自分が迷惑をかけることなんかできないのだ。

それに、見知らぬ人の外見に焦点を当てて込み入った夢物語をあれこれと紡ぐなんて、どうかしている。ゆっくりと時間をかけて相手を理解するようにし、自分の強い憧れをまっさらなカンバスに映し出そうとしてはいけない。愛とは、なにも知らない無邪気な相手の魅力的な外見に押しつける無茶な望みのことではなく、その人が実際にどういう人なのか、現実的に、のんびりと辛抱強く、少しずつ理解していくプロセスであることを受け入れなければならないのだ。こうした性癖は、自分の本質のまさに壊れている部分から来ているにちがいない、とわたしたちは理解している。それは、親密な関係を恐れているしるしであり、真の充実感というものに無縁であることの表れにちがいない。結局は、あくまでも孤独でありつづけるための手の込んだやり方にすぎない。

とはいえ、本当の狂気の沙汰はここにある。こうしたすべてをわかっていながら、しかも、分別のある人の前ではつねづねはっきりとそう言っておきながら――心の奥では――その一切を信じていないのだ。自分に正直になれるときには、だれがなんと言おうと、こう言い張る。電車で、スーパーで、図書館で、街角で感じたあの感覚は、思春期の妄想でもなければ、トラウマを抱えた幼少期が原因の見当違いな感情の高ぶりでもなく、まぎれもない愛だった、と。

メランコリーなわたしたちは、心理学でいう分別ある大人の愛のかたちについてはよく聞き知っているし、そういう愛のかたちがあると信じて実践すべく、必死に努力さえしているかもしれない。ひょっとしたら、すでに非常に分別のある親密な関係にあるかもしれない。それでも、この魅力的な見知らぬ人を目の前にして感じる気持ちは、感情についてどれだけ学んでいようと、自分はやはりどこまでもロマンチックであり、道理だの分別盛りだのと言われても一切動じないことに変わりはない、ということを物語っている。愛するなら、自分がよく知っている人、こちらの想いに報いてくれて、性格が一致する人だけにしたほうがいいのはわかっている。それでもなお、駅のホームで先日見かけたあの見知らぬ人を恋い焦がれる気持ちが止められない。数日経ってもまだその人のことを考えているし、その気になればいまでも、その顔かたち、その後ろ姿から感じられた人柄までもが思い起こせる。この見知らぬ人に――バス停で一瞬見かけただけで――長年よく知っている人たちに対する以上に愛に近いものを感じる。ほかの一切のことでは取り繕うわたしたちが、ここでは無意識に、このうえなく圧倒されている。

まともな人生を送ることを求められているのがよくわかっているだけに、口にできないのだ。どこへ行っていたのかと尋ねられたら、答えるべきは外界での自分の行動であって、とち狂った頭のなかの遍歴ではない。そんなのはすべてばかげている、とあえて忠告してくれるまじめな人はいくらでもいる。そのとおりかもしれないし、もっとたちが悪いかもしれない。でも、自分のなかの抵抗する部分が、それ以上に美しく、メランコリーで、確固たるひとつの真実を手放したがらない。それは、なんだかんだ言っても、この恋焦がれが、これまでに経験したなかで一番の真実の愛だったということだ。わたしたちは、ちょっと変わった後ろめたいメランコリー少数派に属している。そんなわたしたちがもっとも深く熱烈に夢中になれる相手は、自分が一度も話しかけたことがない人なのだ。

パーティーとメランコリー

パーティーはとりわけメランコリーな場になりやすい。ほとんどの場合、そこに着いた瞬間にわたしたちは気づいてしまう。歓迎となごやかな雰囲気づくりにものすごい労力がかけられていることに。急ごしらえの音響システム、天井でゆらゆらしている風船、色鮮やかな各種ドリンク。なによりも、善意のかたまりのような人たちが、なんとしてもみんなに楽しく過ごしてもらおうとしているのがわかる。宴もたけなわになってくると、そうした人たちがご機嫌な様子で近づいてきて尋ねる。「調子はどう？楽しんでる？」

こうした善意には心を動かされるけど、それが生み出すものにはひどく悲しくなることがある。ほとんどのパーティーは、みんなにくつろいで満足してもらうには幸せを、それもあふれんばかりの幸せを見せつけること、という考え方で進んでいく。ほかの人たちのご機嫌な様子を目にしたり、成功談や順調な様子をうれしそうに話すのを聞いたりすることで、それぞれが自分の喜びや自信のある話の種を引き出すきっかけになるはず、というわけだ。

これは理にかなっているようだけど、わたしたちの心理の本当のところはもっと複雑だ。この孤独感から本当に脱け出すきっかけになるのは、ほかの人たちが喜んでいるのを目にすることではない。自分を悩ませているさまざまな問題――羞恥心、後ろめたさ、後悔、失望、いら立ち、自己嫌悪など――が、自分ひとりに降りかかっているわけではなく（不安が増幅してそんな気がしていたけど）、ほかの人たちを同じように悩ませている様子を目の当たりにすることなのだ。自分の悲哀を再確認させ元気づけてくれるのは、ほかの人たちの悲しみの種にほかならない。

人付き合いに関する新たな心理を念頭に、心から打ち解けられるパーティーがどういうものかをちょっと想像してみるのもいい。アップビートの騒々しい音楽は一切なく、バッハのチェロ協奏曲や鎮魂のミサ曲あたりの悲しげな音楽だけがさりげなく流れている。自分の人生における、完璧にはほど遠いこと、世間からダメ出しされてしまったことを、洗いざらい話すようホスト役が促してくれる。自分の気持ちには暗い部分があることや、抱えている不安の大きさを吐露できる機会がある。こういうパーティーなら、終わって家路につきながら、心から満足できるはずだ。人生がいかに悲哀に満ちたものであるかをようやく打ち明けられただけじゃなく、ほかの人たちからも聞くことができたのだから。

パーティーへ行きたがらないのは人間嫌いだからにちがいない、と思いがちだけど、実際は正反対かもしれない。人とのつながりを渇望しているからこそ、たいていのパーティーを嫌うのだ。よくあるパーティーでは、こちらが強く求めているような深いつながりがまず得られない。わたしたちがひとりでいたいのは、人付き合いを心底好まないからじゃなく、真のつながりを強く望んでいるから。人とつながっているように錯覚させるパーティーでは、孤独感をかえって強く意識させられて胸が張り裂けそうになるからだ。

わたしたちはたいてい、パーティーの場でひとり取り残されている。まわりには四十人ほどいるのに、まるで水星の表面にいる以上の孤独を感じている。それは、このパーティーの参加者たちが、その気になればとても多くのものを提供し合えるのに、うわべだけの歓喜という観念に集団でとらわれているせいだ。より良い未来には、前述した、矛盾しているように思える「メランコリー・パーティー」を開けるようになるかもしれない。もう陽気に見せることはない。並外れて傷つきやすく、偽りのない人たちが、ぼうっとしたり、人として生きることの難しさを打ち明けたりするだけの場になる。それこそがきちんと祝うべきことかもしれない。

分裂《スプリッティング》とメランコリー

ものごとの白黒をはっきりさせたがるのは、脳のひとつの特徴だ。微妙な違い《ニュアンス》は人類の得意とするところでも、自然に落ち着く先でもない。

この問題を幼少期にまでさかのぼって考えたのが、二十世紀半ばの児童精神分析家メラニー・クラインのすばらしい功績だった。乳幼児はこの世界をすばらしいものとひどいものという相反する領域に頑なに分け、生まれて初めての母乳を飲む瞬間からそのように行動する、とクラインは考えた。そして、生まれたばかりの赤ちゃんには、母親がひとりの人間であるという明確な考えすらない、とした。赤ちゃんにとって母親は最初はふたつのおっぱいにすぎず、活力や良いもの一切の源である。授乳がスムーズなとき、お乳の出が良くて栄養たっぷりのときなどには、このおっぱいは喜びや完璧さの源であり、文句なくすばらしく、どこまでも「良い」ものだ。ところが、乳首になかなか吸いつけないとき、お乳の出が悪いときなどには、それによるフラストレーションが耐えがたいものになる。赤ちゃんは、このおっぱいは不完全で、意地悪で、役立たずの、決定的に「悪い」ものだと考える。こうして乳幼児は、クラインが名づけた「分裂《スプリッティング》」という精神発達段階において、母親を良いおっぱいと悪いおっぱいに分けて考えるようになる。

やがて、乳幼児はもっと統合された複雑な思考ができるようになっていく。そうして、ある驚くべきことに気づく。このふたつのおっぱいは、実はひとりの人間の一部なのだ。それになによりも、この人間がたまたま（妙なことに）、良いときもあれば悪いときもあり、助けになるときもあればいらいらさせるときもあり、満足させてくれるときもあれば腹立たしくさせるときもある、と気づく。しかも、多くの人がこうした二面性を備えているらしく、あるときは楽しくておもしろい人が、別のときには実に気に障ってしかたがないこともある。この二重性は、ちょっとしたまれな欠陥であるどころか、人間だれにでも備わっている。子どもは、自分にも良いところと悪いところが混ざっていることも、だからといって、自分を嫌いになったり見限ったりする理由にはならないことも、理解しはじめる。人生とは、白でも黒でもないさまざまなグレーのニュアンスのなかで生きられるものなのだ。

クラインは、こうした気づきに至るのは簡単だという幻想は一切抱いていなかった。

子どもにとって白か黒かの見方を手放すのは非常に難しく、それによってメランコリーな思慮深い瞑想、いわゆる「抑うつリアリズム」の段階に陥ると示唆した。この悲しみに沈んだ状態で、子どもは幼い頃の天真爛漫さをなくしていく。この世界はまったく純粋なものだけを見せてくれるわけではないこと、その一方で、それを埋め合わせるように、まったくひどいものもうんと少ないことに気づきはじめる。ママはすごく優しいけど、がみがみうるさいときもある。パパはおもしろいけど、たまにすごくムカつく。保育園は楽しいことばかりじゃないけど、すごくいやなところでもない。

　クラインは自身の精神分析の研究のなかで、この「抑うつリアリズム」の段階を大人ならみんなくぐり抜けているわけではないことに気づいた。わたしたちの相当数がいまだに「分裂」段階のどこかで深みにはまったまま抜け出せていない。つまり、人も状況もまったく純粋ですばらしいか、そうでなければ、ひどくて忌まわしい、とつねに思い込んでいる。たとえば、自分と政治的意見が合わないやつは即、悪人だ、腐敗している、不愉快きわまる、市民権剥奪に値する、と考える。自分をいらいらさせた元パートナーは、とんでもないふるまいとその最悪の動機を責められて当然の極悪非道な人間だ。職場でこちらのアイデアに疑問を投げかけてくるやつには、間違いなく完全に悪意がある。出会い系サイトで二日ほど前に知り合った相手は、なにもかも美しく、心底すばらしい。

こうした対立的な「分裂《スプリット》」思考一切の拒絶を精神的発達と結びつけたのがクラインの見識だった。ちゃんとした大人になるということは、模範的な人間も、極悪非道な人間も、神のような人間も、神に完全に見捨てられた人間もいない、と悟ることだ。人間だれもが、その中間のどこかで、前向きに生きようとし、間違いを犯し、ごめんなさいと言えるよう努力し、もっとうまくできるよう願いながら――悔いや決まり悪さでいつもいっぱいなのだ。

赤ちゃんそのものはとてもかわいらしいけど、分裂はかわいいなんてものじゃない。分裂は、復讐心、不寛容、政治的締めつけのもっとも有害なものを勢いづかせかねない。敵を迫害するよう命じる将軍のなかにも、じゃまな相手を冷酷に抹殺してきた革命家のなかにも、分裂段階の怒りっぽい幼児がいる。わたしたちのあらゆる功績のなかで、とりわけすばらしいものに、メランコリーかつ本質的なひとつの認識がある。それはだれもが、とりわけ自分自身が、善悪併せ持った存在であること、したがって、大目に見る寛容さと忍耐がどうしても譲れない、ということだ。

ポスト宗教とメランコリー

宗教を信じていれば話はいたって簡単。信じていなくても簡単だ。ややこしくなってくるのは、自分には強い信仰心がない――これまでも、そしてこれからも決してない――けど、それでもやっぱり神を信じられたらいいのに、と心から願っている場合だ。つまり、メランコリーな「信仰心への郷愁」に駆られている場合である。

宗教のどういうところが「信じられたらいいのに」と思わせるのか。いくつか挙げてみよう。

慈悲の心

わたしたちは、許してくださる神様、どこまでも慈悲深い神様、なにはともあれ心の底に悪意はなかったことをわかってくださる神様を、強く望んでいるのかもしれない。自分はただ、しくじったり、ついカッとなってしまったり、愚かだったりしただけで、ものすごく後悔している。神様はちょっと厳しめの怒ったような顔でこちらをご覧になるけど、そのあと抱きしめて、静かな優しい声でこう言ってくださる。「おまえがんばったことも、善良なこともわかっている。おまえへのわたしの愛はずっと変わらない。わたしはほかの人々のようにおまえを批判したりしない」。つまりわたしたちは、慈悲の化身を切望しているのだ。

白状

「いたらいいのに」と思うこの神様になら、どんなことでも白状できる。口にしてしまったひどいことばの数々、やってしまったとんでもないことの数々……。秘密や罪の意識をいつまでも抱え込んでいなくていい。この神様に白状し、ひざまずき、懺悔の仕草をする——そうすれば、抱え込んでいたものから解放される。あたたかく見守られながら新たにスタートし、生まれ変わることができる。もう一度チャンスが得られるのだ。

祈り

いつもとは違うストレスを抱えているとき、寝る前に祈っていると、この暗い部屋のどこかに神様がいらっしゃって耳を傾けてくださるはず。どうか、愛する人が苦しまずにすみますように、自分のキャリアが台無しになりませんように、わたしたちの関係が続きますように。大事なことの前にも、病院の待合室で、スピーチの前の控え室で、万事うまくいきますようにとお願いする――そうすれば、神様がそこにいらっしゃって、こちらの祈りに耳を傾け、わたしたちのために現実をゆがめようとしてくださるにちがいない。

両親

これについては正直に言える。だれもが両親の神様版を求めている。神様は、厳粛で、威厳があり、我慢強く、優しく、いつもそばにいて手を差し伸べたり励ましたりしてくださる――しかも、自分が二、三歳の頃に願っていたように、なにがあったのか、なにをすべきか、ちゃんとご存じだ。なにか問題があればすぐに気づいてくださる。あらゆる悩みを解決する権限がおありだから、自分の手に負えないときは、神様のところへ行って泣けばいい。そうすれば、頭を優しくなでてもらいながら、そのうちにうまくいくから大丈夫、と言ってもらえる。具合が悪くなれば優しく寝かしつけて、エッグ・アンド・ソルジャーズ〔細長く切ったトーストを添えた半熟ゆで卵〕を持ってきてくださり、お話をひとつしてからおでこにおやすみのキスをし、部屋のドアをほんの少し開けておいて、いつでも灯りが少し見えるようにしておいてくださる。わたしたちが、もう二度と怖がらなくてもいいように。

荘厳さ

わたしたちは、宗教のあの厳かな美しさにあこがれているのかもしれない。祈りのための建物のなかにいると、その建築様式が永遠の世界へと思いを馳せさせ、その音楽が魂の一番奥深い部分を呼び覚ます。純真無垢でありたい、と思わせるものがある。寺院や聖堂のなかにいると、よくあるつまらないこと、卑しいこと、さらに不快な自分自身の貪欲さを、とにかく忘れていられる。ここそが、追放されたわたしたちの真の居場所なのだ。

ハッピーエンド

わたしたちが宗教に求めているのは、なんといってもハッピーエンドの確約であり、人生は衰えていってむなしく死んで終わるような、でたらめで恐ろしいナンセンスばかりじゃない、という漠然とした感じなのだ。

　こうした強い思いのすべてが——見方によっては——まったくばかげていて時代を逆行している、と言われても反論の余地はない。でも、ありえないとわかっている概念に郷愁を覚えてもいいはずだ。そうすることで、自分自身の心のはたらきに誠実であろうとしているところが、無神論者とは異なる。無神論者は、宗教は無意味だと断言するだけじゃなく、形而上学的な愛情とか安心感に対するどんな願いの妥当性も否定している。わたしたちはポスト宗教のメランコリー状態にとどまっていてもいいはずだ。キリスト教大聖堂を訪れたり、イスラム教寺院に見とれたり、仏教やヒンドゥー教の寺院でしばらく過ごしたり、ユダヤ教会堂で礼拝の儀式に従ったりしながら、強い信仰心を持てたらどんなにいいかと思う——その間もずっと、自分が永遠に孤独で、不安で、やましくて、おびえているよう運命づけられていることを気丈にも自覚していてかまわないのだ。

シェイクスピアのソネット二十九番とメランコリー

幸運の女神にも、世の人びとにも見すてられて、
私はただひとり、みじめなわが身の上をなげき、
益《やく》もない叫びをあげて、聞く耳もたぬ天をなやまし、
つくづくとわが身を眺めて、おのれの運命をのろい、
さきゆきの見込みに恵まれた人のようになりたい、
あれのように美貌がほしい、これのように友人をもちたいと願い、
この男の学識をもとめ、あの男の才能を望み、
私のいちばん秀でたところがいちばん飽きたりなくなる。
だが、こんな思いで自分に愛想がつきかけると、
幸いにも、私はきみのことを思う。するとわが心は、

夜明けがたに暗い大地から舞いあがる雲雀《ひばり》のように、
天の門口で賛歌をうたいだすのだ。きみの美しい愛を
心に思うと、すばらしい富が授けられるから、
たとえ国王とでもわが身分をとりかえるのはお断りだ。

シェイクスピア『ソネット集』（高松雄一訳、岩波書店、一九八六年）より

一五九二年頃に書かれたこのソネット二十九番を読むと、当時二十代後半だった作者ウィリアム・シェイクスピアがかなりメランコリーな状態だったとわかる。失敗を恐れているのだ。世間からつまはじきにされ、その名を口にするのもうんざりだと思われてしまうのではないか。自分の愚かさや運の悪さをあれこれ思いながら苦しむことになるのではないか。得意とする仕事ができず嘆き悲しむことになるのではないか。まわりを見れば、相変わらず自分よりずっと成功している人たち、いまも尊敬され、評判の良い人たちばかりで、自暴自棄になったり妬んだりするのではないか。

もちろん、これは通説に反している。英文学でもっとも称賛されているあのシェイクスピアが、失敗することをここまで心配しなければならなかったとは。ある日自分が——自らの愚かさと不運なできごとが重なって——恥さらしの取るに足らない人間になってしまうかもしれないという、わたしたちとそう変わらない不安を抱えなけれ

ばならなかったとは。とはいえ、文学における「偉業」は、仰々しい抽象概念に取り囲まれた華麗な暮らしから生まれるものではない。文豪とは、究極的にはたんに、ごく普通の生活につきものの動揺や悲しみを独自の率直さで語れる人なのだ。

なにがシェイクスピアをここまで不安にさせ、警戒させていたのか。なぜすべてを失ってしまうと恐れていたのか。ひとつには、しっかりとした評価がまだ確立されていなかったことが挙げられる。すでに書き終えていたのは『リチャード三世』と『ヘンリー六世』三部作だけだった。その後数年のうちに——矢継ぎ早に——『夏の夜の夢』『ヴェニスの商人』『お気に召すまま』『十二夜』を書くことになる。でもこのときはまだ、せいぜい頭のなかにあるざっくりしたアイデアにすぎなかっただろう。問題はほかにもあった。シェイクスピアには強い悪意に満ちた有名なライバルがいて、この人物がシェイクスピアのいろんな噂を広め、なんとしても評判を落としてやろうとしていたようだった。同じく劇作家のロバート・グリーンだ。

シェイクスピアを毛嫌いしていたグリーンは、ある雑文集でこう警告している。「役者の皮を被ってはいるが、心は虎も同然の、我々の羽毛で着飾った成り上がりのカラスが近頃現われ、諸君のなかでも最良の書き手と同じくらい優れた無韻詩《ブランクヴァース》を自分も紡ぎうる、と慢心している」。グリーンがシェイクスピアにつけたあだ名「シェイクシーン」〔舞台を揺るがす者の意〕は要するに、自慢屋で、だれもが知る愚か者、ということであり、さらに「多芸は無芸のなんでも屋」だと、くどくど書き連ねている。状況は違っても、ロバート・グリーンのように不当なまねをする人間はわたしたちのまわりに必ずいる。世の中にはこういう人間があふれていて、人生を必要以上に恐ろしく、悪意に満ちたものにしている。

当時のロンドン演劇界は狭い世界で、意地悪く、ゴシップだらけだった。定評ある劇作家によるこのような批評は、故意に相手を傷つけようとするものであり、とてつもない害を与えていたかもしれない。ロンドンで一人前になろうとしていたまだ若きシェイクスピアが、こんなふうにこてんぱんに叩かれていることにうろたえ、このような侮辱がこれからもずっと続くのではないかと心配し、大勢の人々が自分をだしにあざ笑っていたと知って、自分の善意が明るみに出ることがないまま、低俗で破廉恥な大ばか者としてずっと知られることになるのではないかとおびえている様子が容易に想像できる。

おまけに当時はひどい疫病が進行中だった。腺ペストはエリザベス朝のイングランドを繰り返し襲った。シェイクスピアが生まれる前の年にも突然の流行で八万人が亡くなっていた。それがぶり返し、一五九二年八月から九三年一月のあいだに、イングランド南東部で二万人、うち一万五千人がロンドンで亡くなった。街中で暴動が起こり、エリザベス一世は安全のためウィンザー城へ移った。政府はパブと劇場のすべてを六ヶ月間閉鎖した。役者も劇作家もみんな仕事を失った。シェイクスピアは自分の名を傷つけられただけでなく、一文無しになる危機にも直面していたのだ。

失敗の恐怖にどうすれば耐えられるのか。恐れからはつい目を背けたくなるかもしれないが、シェイクスピアを道しるべにするなら、心を落ち着かせるのに役立つのは、もっとも恐れているものにじっくり向き合うことだ。そのよくわからない恐れを取り除くために、ぞっとするシナリオをあえてじっくり調べ、恥ずかしさから斜に構えた態度で案ずるのをやめるべきだ。シェイクスピアは、はばかることなく、起こりうることをじっくり考える。どうすれば耐えられるかを理解するために、起こりうる最悪の事態を思い浮かべてみる。さらにその過程で、自分をカタルシス的に傷つきやすいものとして表現もする。自分の苦悩を未来のわたしたちにも、そして——想像するに——ごく親しい人たちにも隠し立てしない。自分にとって事態がどれほど悪いかをあえて認めることで、抱えている孤立感や、認めてもらえないことへの不安を打破しようとする。シェイクスピアがなんとか普遍化しようと努めているのは、そうしなければ、ごく個人的な決まり悪い苦痛の種としか思われかねないものだ。自分と同じように苦しんでいる人がほかにもいるかもしれないと考え、想像上の友情の手をすべての読者に差し伸べようとする。それが作家というものだからだ。

そうなれば、人を元気づける行動の核心が近づいてくる。シェイクスピアは、自分が成功願望に駆られているのは、尊敬されたい、好かれたい、という気持ちがあるからだと暗黙のうちに認める。富や名声にもたしかに惹かれるけど、そうしたものに隠れた別の切なる願いがある。それは、きちんと扱われて、恥をかくような事態を避けることだ。ひとかどの人物になる、という決意には、愛されたいという思いが隠れている。そのことがはっきりすれば、助かる手だてが見えてくる。世間のみんなから愛される必要は実際にはない。全員に味方してもらわなくてもいい。ロバート・グリーンのような人間――そして時代を下れば、新聞・雑誌、テレビ、ソーシャルメディアにたくさんいるこの手の輩――には勝手に罵詈雑言を吐かせておいて、そういう人間とは関係を断てばいい。本当に必要なのは、数人の友人たちの愛情、あるいは、たとえひとりでも特別な人の愛情であり、それさえあればなんとか生きていける。

たったひとりでも思いやりのある聡明な人からの愛情は、世間から愛されていないことを補ってくれる。シェイクスピアが書いているように、そうした愛情を得ている人は「国王」にも優る立場にある、と言える。名が売れるというのは、気まぐれな運命に左右される当てにならない目標にすぎない。世の中には嫉妬深い人が多いうえに、人は間違いを犯しがちなので、すぐに足をすくわれかねない。だから、思いやりのある仲間たちからの愛情と敬意に気づくよう努め、それを当てにしているくらいがちょうどいい。ほかの人たちは、こちらの名前が話題に出るたびにあざけったりばかにしたりするかもしれないけど、心配はいらない。ゴシップと疫病が蔓延しているロンドンから遠く離れたどこかで、自分のことをきちんと理解してくれる仲間とともに、こちらがなにもしなくても気にかけてくれる仲間のために、静かに暮らしていればいい。

シェイクスピアのソネット二十九番が四百年にわたって高く評価されているのは、だれもが悩まされる不安というものをこれほど真剣に理解し、そのうえで、きっと正しいにちがいないと思えるひとつの解決策を示しているからだ。結局はものごとがうまくいくかもしれない。ひょっとしたら疫病がなくなって、演劇が再開するかもしれないし、例のうわさも静まり、そっとしておいてくれるかもしれない。万が一、このいずれも実現せず、なにもかもうまくいかず、自分が「とんでもないやつ」の代名詞確定となれば、不安が高まるとりわけ夜中には、最後のよりどころに気づくべきだ。それは、寛大で、誠実で、情緒的にも成熟している数人の仲間だ。許しと思いやり、同情と寛容さをよく知っている人たち、意地悪なあだ名で貶めるようなことをしない人たち、親が子に、あるいは神が自ら創造したものに対するようなさまざまな思いで愛してくれる人たちだ。愛が必ず救ってくれる。失敗するかもしれないけど、それがとんでもなくひどい状況になる心配は不要だ――そのほうが、もう少し自由で明るい気持ちで課題に取り組む余裕ができる。歴史上もっとも聡明で人情味のある作家がそう気づいたのだから、うろたえているときは、シェイクスピアを信頼してみるといい。

建築様式とメランコリー

建物の特徴としてはちょっと奇妙で、めったに言及されないが、建物は話す。大声で話すとはかぎらない——ささやいているだけのときもある——けど、近づいていってじっと眺めているうちに、建物のおしゃべりがたしかに聞こえてくる。ハーグにあるマウリッツハイス美術館に耳を傾けてみよう。十七世紀半ばに完成し、十九世紀はじめに美術館として開館した古典様式の建物だ。

わしは堂々としていて立派だろう。身だしなみには大いに気をつけているのだ。落ち着いた理性的存在でありたいが、冷淡にはなりたくない。心地良さや優しさの余地も残しておきたい。気分はどうかね？

マウリッツハイス美術館

建物がその世界観をもっとあけっぴろげに話したがるときもある。引き続き、マウリッツハイス美術館。

祖先に思いを馳せるのは良いことだ。自分のルーツを振り返ることにつながる。だれもがみな、信じられないほど長い歴史のなかのわずか一瞬の存在にすぎない。これまでに数多くの課題が克服されてきた。歴史をつねに心に留めておけば、いま抱えている不安も和らぐ。わしには古代ギリシャと古代ローマの血が流れているんだ。

まったく異なる建物にも耳を傾けてみよう。パリ郊外にあるこのサヴォア邸は、スイス生まれの建築家、ル・コルビュジエが設計し、一九三一年に完成した。

サヴォア邸

わたしは未来からやってきた。伝統とかくだらない現状維持にはうんざりだ。少し前に別の銀河からはるばる旅してきて、この手つかずの自然のなかにうまく落ち着いた。ここでわたしと一緒に新しいより良い暮らし方を創っていこう。

もちろん、どの建物もすごく感じのいい声で話しかけてくるとはかぎらない。やたらと大声だったり、いらいらした声だったりする場合もある。そういう建物は、会って話をしていても、こちらの目を見ようともせず、こちらの気分にも気づかず、こちらのことを一切尋ねてこない人たちにちょっと似ているかもしれない。オランダの建築家チームがマドリード郊外に建てた大型マンションは、かな

マドリード郊外の大型マンション

り芝居がかった話し方をする。

ねえ、みんな、あたしはもうみんなほど若くないかもしれないけど、もちろん遊ぶ気満々だからねっ！　この新しいスニーカー、いいでしょ？　しきたりとかって超うんざり。さあ、早く遊ぼうよ。古いものはバイバーイ、わくわくするものカモーン！　だれか踊らない？

建物の問題は、それがわたしたちの自己イメージに多大な影響を与えている点にある。わたしたちは、自分の重要性についても、社会が安定していて良好な状態かということについても、定まった感覚を持っていないことが非常に多い。良いときには、状況はまずまずだと感じられるし、自分自身にもある程度自信があり、同じ仲間である人間を信用している。ところがそうでないときには、気分が落ち込む。不安や後ろめたさを感じ、自分という人間が好きになれないし、まわりはひどい人間ばかりで、自分を痛めつけようとしているんじゃないかと考える。

わたしたちの精神状態に関わることだが、建築にはわたしたちを良いほう、あるいは悪いほうへ向かわせる力がある。建物がたまたま話している内容が、わたしたちの精神の安定にとって非常に重要な鍵のひとつになる。建ち並ぶ建物が、許し、優しさ、謙虚さについて話しているような地区にいると、世の中が親切に感じられ、落ち着いていられるし、自分にも優しくなれる。そうでない場所に長くいすぎると、その外部環境がわたしたちの内なる世界の悪いところばかりを増幅しはじめる。わたしたちに向かって、おまえは面汚しだ、取るに足らない人間だ、つまらない人生だ、大事なのは富と成功だけだ、ときつい調子で話しかけてくる地区がある。こうした悪意に満ちたメッセージが、ドアや窓、建物の大きさや外装材を通じてはっきり伝わってくることがある。

関係なさそうに感じられても、そうした傾向はある。自分には建物の声なんかまったく聞こえていないから、ずっと影響を受けることはない、という人はほとんどいない。だから人は、自分を尊重し、歓迎してくれる特定の地区に住みたがるし、そうでない地区の情け容赦ない否定的な感じをとても怖がる。

メランコリー気質のわたしたちは、自分がふだん過ごす地区の建物にはよくよく気をつけたほうがいい。そうした建物の声にだれよりも深い影響を受ける恐れがあるからだ。わたしたちがなによりも必要としているのは、自分の性格の強い面を育み、弱い面は退けてくれるメッセージだ。

たいていの人は、自分が住まいを依頼する立場になると、必要な部屋数や希望の間取りを建築家に伝えようとする。でも、どんな建築も、そこに住む傷つきやすい人に優しく話しかけることがその重要な役割のひとつであるならば、メランコリーな人のための住まいを依頼する際には、「完成したらこんな感じのことを言ってくれる家を建てて」と頼んでもいいかもしれない。

人生には悲しいことや辛いことが多いよね、わかるよ。わたしもいっぱい経験してきたから。昨日や今日生まれたわけじゃないから。わたしも完璧じゃないけど、まわりから非難されてもなんとか乗り切って、それでもなお誠実でありつづけることは可能だよ。完璧じゃなくても存在する価値があるんだからね。あなたはそのままで十分。わたしは居心地がよくて頑丈でしょ。いっぱい苦しんできたよね。わたしはあなたの味方だからね。

思春期とメランコリー

メランコリーな気分になるのも当然、という時期が人生にあるとしたら、それはざっくり言って十三歳から二十歳くらいまでのあいだだ。

この時期に相当な苦悩、みじめな内省、強烈な場違い感を経験してこなかった人間が、引き続き順調な、なんならある程度満足のいく人生を過ごすことになるとは想像しづらい。

思春期の悲しみや怒りの根っこにあるのは、自分がそれまで思っていた以上に、あるいは大人のなかでも親切な人たちに思わされていた以上に、人生ははるかに辛く、はるかに理屈に合わず、生きがいがあまり感じられない、という気づきだ。幼い頃のような情緒面の保護がなくなり、激しい敵意に満ちた、それでいてものすごく重要な、さまざまな気づきが突然訪れる。

まず、だれもわかってくれないことに気づく。

本当はそんなことはないのだけど、当然ながら、人間だれしも、わかりにくければわかりにくいほど、ぱっと容易に理解してもらえる可能性は低くなる。だから、子どもから大人への成長過程で、まわりの人にきちんと共感してもらえたり、自分の心の内をすばやく理解してもらえたりする可能性はどうしたって激減する。

それに対してティーンエイジャーはまず、自分はどうしようもなく呪われている、と考える。その結果、ほかの人との真のつながりは可能だけど驚くほどまれだ、という理解を深めていく。ここからいくつかの重要な変化が見られるようになる。まず、自分のことをちゃんとわかってくれる人に対して、きちんとした感謝の気持ちが強まる。次に、わかってもらうためにもっと努力するようになる。思春期初期のむっつりとした不機嫌さは、十代後半に書く詩、日記、歌といった、非常に豊かな表現に変わることがある。自分の思いを伝えるものとして、人類がこれまでに生み出してきたなかでもっともすばらしいものはたいてい、話しかけられる相手がそばにひとりもいなかった人たちの作品だ。

それに結局、自分はみんなと違うという感じは、そのときには大問題かもしれないが、新たな世代が既存の秩序を探りはじめて部分的改良を加えるようになる、非常に重要な時期を意味している。十六歳の若者が現状のままですべて完璧だと思っているとしたら、恐ろしいほど想像力に欠けている。世の中のばかげたこと、間違っていること、いやなところをよしとしない、それがのちになにかを成し遂げる前提条件のひとつになるのだ。その後の人生でうまくやっていける見込みがあるのなら、実際、思春期半ばはみじめでいるよりほかになさそうだ。

思春期のもうひとつ重要な気づきは、親が嫌いだということ。とはいえ、ティーンエイジャーがある日突然思い切り声を張りあげて、親なんて大嫌いだ、と叫ぶようになっても、それはまさに親の愛情や思いやりのおかげにほかならない。なにか問題があるしるしではなく、愛されていることをその子がわかっている証拠だからだ。本当に気がかりなティーンエイジャーは、親に対する態度が悪かったり、自分のみじめな気持ちを親に八つ当たりしたりする子ではない。自分は愛されていないんじゃないかと思い悩むあまり、間違いを犯せない子だ。

人への本物の信頼を育むには、何度か試してみたり、悪態のかぎりを尽くしてみたりして、そのうえで、その人がしばらくしてから許してくれるのをしっかり確かめられることが、とても重要かもしれない。ちょっと傷つけてみて初めて、その愛が揺るぎないものになりうるかどうかがわかる。

それにもちろん、親はだれでも実際にいろんな意味でうっとうしいけど、それもまたひとつの重要な気づきだ。十四歳半ばで初めて知った、親も抱えているさまざまな問題、間違い、欠点を、無意識にでもある程度相殺しておかないと、独り立ちして親になろうとは決して思わないだろう。

ティーンエイジャーの深い悲しみの原因はほかにもある。それは、大いなる疑問でいきなり頭がいっぱいになってしまうことで、その最たるものが「一切のことになんの意味があるのか」である。こうした疑問もまた、きわめて重要だ。思春期の子どもたちが問うのはくだらないことばかり、と言われがちだけど、それは、問いそのものというよりは、それにどう答えるかに関係している。人生の意味はなんなのか。人はなぜ苦しむのか。資本主義はなぜ人々にもっと公平に報いないのか。思春期の子どもはそのままで哲学者だ。思春期が本当の意味で終わるのは、よく言われているような、大いなる疑問を問うのをやめて、日々なんとかやっていけるようになったときではない。十七歳で初めてとりつかれたさまざまな大いなる疑問を核として、人生を築いていく資質や知性を身につけたときだ。

最後に、そしてもっとも胸が痛むことに、ティーンエイジャーは自己嫌悪しがちだ。自分の容姿、話し方、受け取られ方を嫌っている。これは愛されることとは逆に感じられるけど、実際は、こうした孤独な自己嫌悪の時期に愛情が芽生えはじめる。こうしたさまざまな感情が、いつの日か、自分を受け入れて求め返してくれるすばらしいパートナーを目の前にして感じる喜びの土台になる。泣き明かした夜が数えきれないほどあって初めて、優しさというものを理解できるようになる。

ある種の深い理解に本当に至るには、苦しまなければならない。自然の計らいでそうなっているらしい。ただし、なにか理由があって苦しむのと、無駄に苦しむのとでは大違いだ。いやなこともいろいろあるけれど、思春期のすばらしさのひとつは、そうして味わった苦悩が、大人になってからの決定的なできごとや気づきのいくつかにしっかりと根づいていることだ。おもしろくもみじめな思春期の数年間は、メランコリー全盛期として祝福されるべきなのだ。

五十歳とメランコリー

五十歳は、あきらかに、大げさでなく本当に、まさにメランコリーな年齢だ。これまでは、衰えたという噂をかわせていた。状況によっては、若いと思われることすらあったかもしれない。着るものを慎重に選び、流行りの音楽を知っていれば、三十五歳の人たちにも溶け込めていたかもしれない。老いていく一方だよ、なんてあえて自嘲気味に言おうものなら、またまたご冗談をと言われ――もともとそのつもりだったように――安心して気が楽になることもあったかもしれない。それがいまでは、こちらが年齢を口にすると、自分より五歳以上若い人はみんなたじろぐのがわかる。五十歳は、もはや洒落でもお茶目な演出でもない。老年期の始まりなのだ。

四十歳を過ぎてからあっという間だったのが身にしみているだけに、余計にうろたえる。数十年後には人工肛門袋や車椅子のお世話になっているかもしれない。気持ちだけは若くても、手を見れば現実を突きつけられる。どう見ても年寄りの手だ。いまの自分のひどい写真が三年後にはきっと誇らしく思えるだろう。「ひどい写真」はタイムトラベルのひとつのかたちにすぎない。その写真に写っているのは、未来からこっそり訪れた自分なのだ。

このくらいの年齢になると、まわりの人たちが亡くなりはじめる。二十代で経験したような、ごくたまにある痛ましい死ではなく、絶えずだれかが亡くなっていく。こうして、お悔やみ欄に目を通すようになる。

当然ながら、五十歳のメランコリーには性的要素がある。みっともない、と多くの人に思われているにちがいないのがわかっているだけに、気後れしてしまう。自分を性的な存在と考えるのは、たいていの人にとって決まり悪くてしかたがない。まるで高齢の親類のだれかに求められているような感じで、自然の摂理にまったく反しているように思われる。気恥ずかしさから、とても堅苦しく、よそよそしくすらなる。自分より若い人たちには無愛想で冷たい人間だと思われているかもしれないが、こちらとしては、相手に特別な注意を向けているわけじゃないことはわかってもらえている、と確信したいだけなのだ。ひょっとすると若い人たちから「ステキ」とか「かわいい」とか言ってもらえるかもしれないけど、それは無害なペットに対するのと大して変わらない。

この年齢になる頃には、ずいぶんいろいろな経験をしてきている。夜遅く眠りにつきながら、人生のさまざまな場面が——ふと——蘇ることがある。小学校の教室の机、大学で初めて入った寮の部屋、パリのこぢんまりとしたホテル、ロサンゼルスへの旅、エスニックレストランでの夕べ、子どもが生まれた少しあとに海辺で目にした夜明けの光。実に多くの経験をしてきたから、ときどき、自分はもう千年も生きているような気がすることもある。

幸い、五十歳になる頃にはもっと感謝できるようになっている。ものごとが永遠には続かないのをよくわかっているから、以前ならより大きなものへと向かう過程で無視していたかもしれないことを、そうばかにするつもりもない。パニックもドラマも相当な数を経験してきたから、平穏な一日のありがたみがわかる。たくさんの人と出会い、人間の複雑さをいやというほど恐れているから、ひとりでいることに満足している。それに、自分への関心もちょっと薄れてきている。自分がこの先もうあまり変わりはしないことも、いろいろ失敗してきたこともわかっている。その代わり、歴史上のちょっと変わった時代に心を惹かれはじめる——ほかの国々もそうだ。自分の自我《エゴ》をもっと大きな流れに手放す。自分の名声や評判がどうなろうと、おそらくそう大したことじゃない。成功は一種の幻影だ。それで手にするのはつかのまの称賛でしかなく、本当に重要なのは、人とのつながりや親密さだ。いつもの勇敢さをかなぐり捨てて、あらゆることがいかに辛いか、自分がいかに悲しんでいるかを認められるときだ。スタンドプレーで見栄を張るのはもうたくさん。わたしたちがいまも関心を持っているのは、思いやりのある人間、苦しみを経験してきて、自分の苦悩をほかの人々とのつながりに役立てられる、そういう人たちだけだ。

五十歳になると、幼い子に心を動かされることがどんどん増えてくるかもしれない。大きくなったわが子は家の二階のどこかでふさぎ込んでいる。親のことをひどく嫌っているのだ。でも、近くの公園で、幼い子がうれしそうに母親のほうへよちよち歩きで向かっていくのを目にすると、その子を抱き上げるときの感触が手に取るようにわかる。その軽さ——人類がある年齢まで備えているその奇妙な軽やかさ——を思い出し、この年頃の無邪気さがやたら恋しくなる。それほど恨まれることもなく、踊ろう、アイスクリームを食べよう、と言うだけで親はヒーローになれたものだった。

五十歳のわたしたちは、死へと続く長い滑り台のてっぺんにいる。あと数年はしゃんとしていられるけど、そのうちに背中がこわばり、膝が曲がり(もうすでに変な音がしている)、靴下が履きづらくなるだろう。だからといって、こんなことってあるかと文句を言ったり、しかるべきところへ通報したりするわけにはいかない。だれにでも起きることだ。生まれてくるときにサインした契約書にちゃんと書いてある。だから、こんなのひどい仕打ちだ、間違いだ、と思いたくもなるけど、そうじゃない。

唯一逃れる方法は、あきらめの表情を軽く浮かべて、ブラックジョークに変えることだ。いまさら大きくは変われないけど、なるべく堂々として月並みでいる、謙虚さを取り戻し、もうお呼びじゃないさまざまなシーンから退場する、といったことならできるようになる。わたしたちは、この年齢にもっともふさわしい雰囲気に落ち着くべきなのだ。土星の徴《しるし》の下、自我を手放した、穏やかなメランコリーの精神で生きていけるようになるべきなのだ。

贅沢な気分とメランコリー

　ある年齢や精神状態のときのわたしたちには、贅沢をとことん見下せる強さがある。そのための代償、そのくだらなさ、なによりもそのむなしさを、当然のごとくばかにすることができる。若くて希望に満ちているときは、割高なホテルに泊まる必要なんてさらさらない、と考える。ユースホステルだって同じように眠れるのだから。飛行機の前方を占める大仰な座席もばかげていると思う。そこに座ったからといって一分たりとも早く到着するわけじゃない。前途洋々なうちは、お金と引き換えの心配りを愛と取り違えたりはしない。

　そのうちに、より陰気でメランコリー気味のある年齢になり——ひっとすると——自分の筋金入りの質実剛健さが揺らいで崩れはじめていると気づくかもしれない。かつてはばかにしていた、より高級なカーペット敷きの、もっとゆったりしたエリアの機内座席を購入し、思っていた以上に深い満足感を覚えることがある。飛行中は客室乗務員が親身になって世話してくれる。こちらの名前の発音に苦労しながら、なんと上着を木製ハンガーにかけてクローゼットにしまってくれたりもする。北回帰線を越え、インドのマディヤ・プラデーシュ州の町が灯油ランプの灯りでちらちらしている様子が見える頃、受け取るトレーに載っているのは、すばらしいシェフが隅々まで行き届いた配慮で盛りつけた、小ぶりのロールパン、ロブスターテール・サラダ、フィレミニョン・ステーキ、それに、これまで食べたなかでもおそらく最高のヘーゼルナッツ・チョコレートケーキ。すばらしい心配りに包まれていることに、ひょっとしたら涙ぐみそうになるかもしれない。それはある意味、ひどい高熱を出して親になにくれとなく世話してもらっている子どもに戻ったような感じだ。いまはもう親はいないし、自分だって、ゾウさんのパジャマを着た小さなかわいらしいやつとはほど遠い。あの頃はだれからも憎まれず、ひどい間違いなど一度も犯したことがなかった。

あるいは外国のどこかの街で、中央広場に面した伝統的建築様式の法外な値段のホテルの魅力に抗えず、宿泊しているかもしれない。特大のバスタブに浸かりながら一時間ほど本を読んだあとでルームサービスを頼むと、まもなく、ここでもまた親切なボーイが手慣れた様子でワゴンを押しながら入ってきて、完璧に整えられたキングサイズベッドのすぐ足元まで持ってきてくれる。食事そのものは、客観的に見て驚くほどのものじゃない――チキン・シュニッツェルかサーモン・タリアテーレあたり――かもしれないけど、このサービスに象徴されているものがすばらしい。ホテルの親身な人たちが、テーブル下の凹み部分にある特殊ヒーターや銀のクローシュで料理が冷めない配慮をしてくれている。天使のように優しいだれかが「お客様は花がお好きかも」と考え、細長いガラスの花瓶にチューリップを一輪飾ってくれている。お食事をごゆっくりお楽しみください、という心遣いだ。ほかにも、奉仕の神様のようなだれかがパンに心を砕き、そう多くはないけど魅力的なバリエーション（クルミ入りパン、オリーブの実入りパン、ガーリックパン）を用意してくれている。そのとき、親切なルームサービスのボーイの声で、夢見心地からふと我に返る。普通のお水《スティル・ウォーター》と炭酸水《スパークリング・ウォーター》、どちらになさいますか、トマトサラダにはバルサミコ酢、白ワイン酢のどちらをおかけいたしましょうか、と訊かれているのだ。

　こうしたことが最終的にかなり重要になって（なりすぎて）しまいがちなのは、人生のほかのところで実に多くのことがうまくいっていないからで、その理由は複雑かつ決定的なものばかりだ。朝食のときにこちらがおはようと言っても顔も上げないわが子、いつも怒ってばかりいるパートナー。友人のほとんどは音信不通になってしまったようだ。身近な人たちに嫌われているように思える理由はいくらでもある。自分の存在のまったくの無意味さ、つまらなさを、ますます確信するようになる。

だけど、こうして機内の贅沢な座席、あるいは贅沢なホテルの部屋にいると――数時間は――そんな感じがまったくしない。いまあるのは、心配りと贅沢な気分だけだ。もちろん、すべては偽りで、相当なお金をかけて用意されたものだから、こちらのクレジットカードが使えないとなればたちまち終わってしまう（そしてわたしたちはあれよあれよというまに留置所に入れられる）。それでも、お金が滞りなく流れているかぎり、驚くほどうれしいなにかを目の当たりできる。それはちょっとした心配りや思いやりであり、欲しくてたまらないけれど受け取ることはめったにないし、自分がそれに値しないこともわかっている。

　言うまでもなく、本当に欲しいものはお金では買えない。それは、まわりの人たちからのあたたかい配慮だ。それでもときには、思いやりのちょっとした象徴くらいなら買うことができるし、あきらかに平凡かつ根本的に不完全な自分の人生においてはそれが望みうる最善のものかもしれないし、現実的に手に入れられるものだという場合もある。贅沢を現にそのとおりばかばかしいと思えるだけの精神的強さを、わたしたちはいつも備えているとはかぎらないのかもしれない。

日曜の黄昏どきとメランコリー

それはたいてい夕方五時から七時半頃に襲ってきて、六時頃にそのピークに達するかもしれない。空模様が変わりつつあり、沈みゆく太陽の光で空があかね色に輝いていればなおさらだ。

日曜の黄昏どきのこうしたメランコリーな気分は、たいてい仕事と結びつけられている。楽しかった週末も終わり、明日からまた仕事だと思うからだ。実は、これでは心のなかで起きているこの複雑な心情を十分には説明できていない。だんだん気が滅入ってくるのは、明日しなければならないなんらかの仕事があるというだけでなく、自分にふさわしくない仕事にまた戻らなければならないからだ——たとえ自分にふさわしい仕事が実際にどういうものなのかさっぱりわかっていなくても。

だれもが自分のなかに、本当にすべきことをしている自分、現実の社会に力を尽くしたいという強い願いも潜在能力もひととおり備えている自分、とでも言えるものを持っている。自分という人間のきわめて重要な部分を仕事に活かし、自分の関わるサービスや製品に自分自身が反映されているのがちゃんとわかるようにしたい。自分にふさわしい仕事をそのように理解しているから、そういう仕事を求める気持ちは、愛を求める気持ちと同じくらい、わたしたちのなかで重要かつ強い。天職が見つからない悲しみは、パートナーが見つからない悲しみに匹敵しうる。

自分にふさわしくない仕事をしている、なのに天職は見つからないまま、という思いは、ちょっとした不安どころではなく、人生のまさに重要な危機かもしれない。

平日はたいてい、この危機をなんとか遠ざけるようにしている。とにかく忙しいし、当面のお金の必要性に駆り立てられているから、それどころじゃない。ところが日曜の黄昏どきになると、悩まされることがある。ふたつの世界のはざまでさまよう亡霊のごとく、生きることも死ぬことも許されずにいるこの危機は、解決を求めてわたしたちの意識のドアをがんがん叩く。悲しい気分になるのは、残り時間が少なくなりつつあることも、残された人生ですべきことをいまやっていないことも、どこかで自覚しているからだ。日曜の黄昏どきに感じる深い悲しみの正体は、時間切れになる前に、自分をもっと活かすよう、それとなく駆り立てようとしている自分の良心なのだ。

日曜の黄昏どきにはちょっとした歴史がある。つい百年ほど前までは——ほとんどの人にとって——本当の自分を仕事で表現する可能性などなかった。なんとか食べていくためにはたらき、ごくわずかな収入でもありがたく思ったものだった。こうしたそもそもの期待の低さは、もはや過去のものだ。わたしたちは——現にそうしている人たちのあきらかな例が十分にあるだけに——自分だってその気になれば、真の才能を活かして経済活動の原動力にできるはずだと気づいている。それなら不満を抱えている必要がないのがわかっているからこそ、いまだに不満を抱えているのがなおさら恥ずかしくなる。

そんなに自分に厳しくしなくてもいい。いまの社会にはまだ、あらゆる仕事をやりがいのある天職と一致させるしくみが整っていない。わたしたちは、自分がなすべきなにかをしていないこと、自分の真の生きがいがどこにあるのかまったく見当もついていないこと、このどちらも確信している。

これを解決するには、根気強さとしっかりした自己分析が必要だ。探偵並み、あるいは、粉々になった壺を復元する考古学者並みの忍耐力を要する。自分が抱えている不安を「いつものサンデーブルーだ」と軽くとらえて、映画を観ながら酒でも飲んで忘れてしまおうとしないほうがいい。とまどいながら、それでも非常に重要な、本当の自分探しの一環ととらえたほうがいい。本当の自分は、ほかの人たちを喜ばせながら、社会的地位や金銭といった短期的ニーズに対応する必要性に埋もれてしまっているのだ。

ということは、日曜の黄昏どきに襲われる感情を、日曜の黄昏どきに限定させないほうがいい。そうした感情を人生の核とし、持続的に掘り下げていくきっかけにしたほうがいい。平日のあいだもずっと、何ヶ月も、おそらく何年にもわたって掘り下げつづけていると、そこから自分自身、友人、メンター、専門家との対話も生まれてくる。日曜の黄昏どきの数時間、悲しみや不安に襲われているときは、とても深刻ななにかが起こっているのだ。ちょっと悩ましい気分になるのは、二日間の休みが終わってしまうからじゃない。悩むよう仕向けられているのだ。手遅れになる前に本当の自分を見つけて、持てる才能をしっかり発揮する、そのために努力すべきだ、ということに気づかせられるからなのだ。

アグネス・マーティンとメランコリー

メランコリーの守護アーティストがいるとしたら、それはアメリカの抽象画家アグネス・マーティンかもしれない。その長い生涯（一九一二－二〇〇四年）に制作された数百点の作品は、たいてい一八〇センチ四方の大きさで、なにか具体的なものが描かれているわけではない。離れたところからはただの白かグレーに見えるかもしれないが、近づいてみると、鉛筆で手描きされたグリッドのパターンと、その下に描かれた水平の色の帯があるのがわかる。色はたいてい、ごくごく淡いトーンのグレー、グリーン、ブルー、ピンクだ。見ているうちに、日常の暮らしの表面的なものを脱ぎ捨てて、このなにもない空間に浸るよう誘われる。そうしていると心が静められもし、動かされもする。わけもわからず泣き出したくなるかもしれない。

マーティンの作品はシンプルなようでいて、それがもたらすものは正反対だ。「シン

アグネス・マーティン《朝》(1965年)

プルさは決してシンプルではない」と語ったマーティンは禅の思想を長年学んでいて、無に近いものに遭遇するのが恐ろしいのは自分自身が究極の無であることに気づかされるからであり、それに気づかずにいられるのは、ノイズや狂気じみた無意味な活動を通じて逃げているからだとわかっていた。「シンプルさを極めるのは至難の技、と東洋哲学は考える。西洋哲学は、シンプルさを理解すらしていないかもしれない」

マーティンが晩年を過ごしたニューメキシコ州中北部の小さな町タオスにあるアグネス・マーティン・チャペルを訪れると、その八角形の空間には、マーティンの絵画七点、それに、マーティンの友人でミニマリズムのアーティスト仲間であるドナルド・ジャッドが制作したスチール製の立方体が四つある以外はなにもない。ここにいると、自分がふだん大切なことからいかに遠く離れてさまよっているか、どうでもいいおしゃべりに没頭しがちであるかに気づく。マーティンの絵はわたしたちに、ふだん絶え間なくおこなっている自己アピールをやめるように言う。ここにあるのはただ、自分と心臓の鼓動、円い天窓から差し込む光（ニューメキシコらしい雲がときおり流れていく）、何千、何万という手描きのグリッドが非常に淡い色調のグレーやピンクのストライプによって繰り返し強調された労作――そして、地球が誕生したときにその海を覆っていたであろう、静けさだけだ。

アグネス・マーティン自身が、その数多くの静かな作品のような人物だったのだろ

ニューメキシコ州タオスのアグネス・マーティン・チャペル

う、とは思わないほうがいい。マーティンはまだ若い頃に統合失調症と診断され、極度のうつに繰り返し襲われて苦しんでいた。頭のなかで、自分を批判したり命を絶つよう促したりする声がしょっちゅう聞こえていた。内心は地獄だったかもしれない。でもだからこそ、なおさら理解できる。マーティンがひとりのアーティストとして、これまでにないどこまでも穏やかな作品をつくらなくては、と感じていたかもしれないことも、そして、ニューメキシコ州の砂漠のはずれにある簡素な家にひとりで何時間も——最終的には何十年も——過ごし、バッハやベートーベンを聴いたり、カンバスにグリッドを引いたり色を塗ったりしながら、果てしない安堵感を得ていたことも。それは、禅で言う、執着を手放して宇宙と一体化することなのだ。

マーティンの作品に心を動かされるなら、それはわたしたちの人生そのものがきわめて穏やかだからではない。わたしたちもマーティンのように、過度なノイズにあまりにも長いあいだ慣れてしまっているからだ。カンバスに描かれているのは、わたしたちが見失っているどこか静かな目的地への案内図みたいなものだ。そうした作品を指さして、これこそまさにわたしたちの本当の居場所だ、と言ってもいいかもしれない。マーティンの絵は、わたしたちが自分自身の気持ちともう少しじっくり向き合えたら、悲しみを器用にかわすのやめられたら、不可解なことと折り合いをつけられたら、どういう状態でいられるかを表現している。

アート市場にありがちな常軌を逸したできごとが重なり、近頃ではアグネス・マーティンの作品が航空機並みの値段になっている。通常、その作品を鑑賞できるのは、ざわざわとした公立美術館だけだ。より良い未来には、マーティンの絵をだれでも数点所有できるようになるかもしれない。少なくともネットや複製プリントの高画質な状態でじっくりと鑑賞できる。現時点では、マーティンの作品は、悲しみを誘う。その絵は、わたしたちが悩みごとを抱えているのを知っている。良い意味で、優しい愛情を強く求めているのに、毎日辛いことばかりなのを理解している。わたしたちが幼い子の無邪気さと、異議を唱えるのをやめてどんな経験も受け入れだした賢者の心を兼ね備えるよう願っている。マーティンが作品につけたタイトルには、伝えようとしたことがいくらか表れている。《優しい愛》《感謝の気持ち》《友情》——なかでも——《この世界を丸ごと愛している》には、なにもかも絶好調のときじゃなく、とてつもなく長い時間を経て、苦悩を乗り越えてきたときに感じるたぐいの愛情がほのめかされている。

アグネス・マーティン《この世界を丸ごと愛している》（1993年）

北斎とメランコリー

富士山の見方には二通りある。地質学的に見れば、成層火山で、高さ三千七百七十六メートル、いまのかたちになったのが約一万年前、最後に噴火したのが一七〇七年。日本の本州にあり、アムールプレート、オホーツクプレート、フィリピン海プレートがちょうど接している断層線上に位置し、そのマグマ溜まりの高圧は一・六メガパスカル、山頂の平均気温は摂氏マイナス五度、となる。

一方で、富士山は神聖なものでもあり、山岳信仰でも仏教でも、知恵と悟りへの道、そして守護者ととらえられている。富士山を崇める社寺や儀式もいろいろある。富士山にはなにか意味があり、わたしたちにものごとを伝えようとしている、と考えられている。仏教の教えでは、人間はこの自然界において実に取るに足りない立場であることをつねに忘れてしまいがちな存在だと考える。この宇宙の秩序における自分の無力さ、取るに足らなさに気づいていない。こんなふうに忘れてしまっていることが、ある種の勘違いとして役立つどころか、欲求不満、怒り、うぬぼれた自己主張の大半の原因になっている。直面していることの必然性を理解できないから、できごとに激怒する。だから仏教はよく、自然の要素（岩、通り雨、小川、老杉《ろうさん》、星など）に注意を向けさせる。わたしたちが自然に従う存在であることをいさぎよく受け入れるのに、こうしたものが役立つと考えられているからだ。人間は自然界の法則に従うよりほかになく、人間をものともしない自然に対し、それぞれの自我《エゴ》を調整することで解放されるのだと気づかせられる。仏教的には、富士山はひとつの普遍的真理を伝えている最大のものでしかないが、やはり特別に崇められているのは、その真理を伝える姿の並外れた優美さとシンプルさのためだ。よく晴れた日などに、新雪を頂いたその円錐形の美しい姿を目にすると、自分がいずれ死ぬことも、自分が成し遂げる一切のものが重要じゃないことも、地球の数十億年の歴史にくらべたら自分の存在など取るに足らないことも、ほんの少し受け入れやすくなる。

浮世絵師の葛飾北斎は、日本全国にすでにその名を知られていた七十代のとき、あるアイデアを思いついた。それがその名声を不滅のものにすることになる。富士山をさりげなく絵の背景に入れるこのアイデアは、《富嶽三十六景》と題した一連の版画として、一八三〇年から三二年頃に版行された。

隅田川に合流する小名木川にかかり、人の往来でにぎわう橋の向こうにちらっとのぞいている富士山（「深川万年橋下」）。行商人や巡礼者が行き交う神田駿河台の背景（「東都駿臺」）、竜岩寺の庭中で宴を開いている人たちの背景（「青山円座松」）、軽籠《かるこ》いっぱいの草を運ぶ馬を引く農夫の背景（「武州千住」）、樽をつくる半裸の職人の背景（「尾州不二見原」）、三井越後屋呉服店の屋根を修理している職人の背景（「江都駿河町三井見世略図」）、登戸浦で籠いっぱいの貝を手にした漁師の背景（「登戸浦」）、品川の御殿山の花見で酒を酌み交わす人たちの背景（「東海道品川御殿山ノ不二」）にも富士山がさりげなく描かれている。

うぬぼれた人間のちっぽけで無防備な様子と、偉大なる自然の無関心な様子とのコントラストがとりわけ鮮明な作品もあり、人間が直面している状況に哀れみやメランコリーを感じさせる。「駿州江尻」という作品には、東海道の駿河国江尻あたりの田んぼ周辺をゆっくり進む旅人の一団が描かれている。ときは秋、たったいま突風が吹いたところだ。たったそれだけのことで、人間がしがみついている秩序などもろくも崩れてしまう。北斎は、たちまち大混乱に陥る人間の姿を描いている。笠を必死に押さえつけ、持ち物を田んぼへ飛ばされ、だれかの懐紙（物語の草稿や年貢納覚帳などなんでもありうるが、懐紙が本当に象徴しているのは、人間の理屈や思い上がりだ）は忘却の彼方へと運ばれ、隣国まで飛ばされたり、そのあたりの溝にでも落ちたりするかもしれない。こ

冨嶽三十六景 駿州江尻
前北斎為一筆

の作品で北斎が伝えているのは、人間の本質だ。それは翻弄されやすく、突風ひとつで災難に陥り、自然を前にして無力でありながら、蛍のようにはかない紙切れの内容をどうにか解決しようとする姿だ。

「甲州犬目峠」という作品では、富士山の向こうに日が沈みつつある。あと半時間もすればあたりは暗くなる。ふたりの旅人が険しい犬目峠を登っていて、そのずっと後ろから、別のふたりの行商人が重い荷を積んだ馬とともにやってくる。後者がやっかいな状況にあるのは容易に見て取れる。暗いなかで馬は峠を登りきれないだろうし、だれかが崖に落ちてしまう危険性も高い。この不運な行商人たちの旅も今日はここまでかもしれない。それでも、この作品全体の雰囲気には、哀れさも動揺も感じられない。富士山はいつものように泰然としている。その麓で人が埋葬されようが、がんで亡くなろうが、天に祈ろうが、人生を悔いていようが、お構いなしだ。自然は人間のことなどこれっぽちも気にしていない。それが天罰の由来であり、実際そのとおりだと思えれば、救いのよりどころのひとつにもなる。

次に、《富嶽三十六景》でもっとも有名な「神奈川沖浪裏」という作品を見てみよう。三艘の舟が神奈川沖に出ている。「押送船《おしおくりぶね》」と呼ばれる高速船で、それぞれの舟に八人の屈強な漕ぎ手と二人の交代要員が乗っている。こうした舟で運ばれる鮮魚（マグロ、スズキ、カレイなど）が江戸の魚河岸や飯屋に届くわけだが、今日の自然には別の計

葛飾北斎《冨嶽三十六景》「甲州犬目峠」（1831–32年頃）

［p.148–149］　同「駿州江尻」（1830–32年頃）
［p.152–153］　同「神奈川沖浪裏」（1830–32年頃）

冨嶽三十六景
神奈川沖浪裏
北斎改為一筆

画がある。今晩の寿司も、家族や見習いや自分の望みをいろいろ抱えているこの三十人のちっぽけな人間の命も、自然はなんとも思っていない。十二メートルに達する大波を起こして人間を翻弄し、取り仕切っているのはだれかを思い知らせてやることにしたのだ。この漕ぎ手たちの運命を思うとぞっとする。とても助かるとは思えず、まるで通夜の序曲のようだ。富士山は平然と傍観していて、わずかに見えている雪を被ったその頂きは、手前で渦巻いている波濤の一部のようにも見える。人間は、わたしたちのことなどなんとも思っていない自然の威力の手中にある捨て駒にすぎない。だから、人間がいなくなっても、自然は一瞬たりとも嘆き悲しんだりしない。

北斎だったら、人間の無力さについてメランコリーに思いを巡らせ、それをどんな自然現象にでも結びつけて表現できただろう。ほかにも《月三十六景》《浮雲三十六景》《カシオペヤ座三十六景》（カシオペヤ座は地球から何千光年も離れた、ぼんやりとした染みだ）というタイトルで作品をつくっていたかもしれない。北斎の天賦の才なら、こうしたものを背景にしても、人間の手柄をその一切のばかばかしさのなかに浮き彫りにできただろう。言い争っているカップル、本を書き終えようとしている物書き、自分の診断結果に嘆いている人、愛する相手が欲しい人。

人間は、自分のしていることのほとんどが、宇宙から見ればばかげていると知りながらも生きていかなければならない。人の命など虫けら同様にはかない。ただ、少しでもなんらかの意味を取り戻せる方法はある。それは、わが身の心配ばかりするのをやめて、この世の現実に――死を免れない自分たちの運命をある程度冷静にじっくり考えられるところまで――自らを重ね合わせ、人間の不条理さを十分かつ広い心で正しく理解したうえで、思いやり、アート、メランコリーへのひとつのきっかけにすることだ。

旅とメランコリー

遠いどこかをひとりで旅しているときほど、メランコリーになることは人生でそうそうない。夜遅く、現代的などこかの都市の巨大な空港にいるとしよう。どのターミナルもすでにがらんとしている。残り少ない出発便はいずれも大陸間フライトだ。ここにいる人々の大半が今夜を、月明かりで銀色に照らされた海の上空で過ごすことになる。搭乗待ちの人たちがターミナルのあちこちに散らばっている。眠っている人もいるけど、たいていの人はメッセージをチェックしている。どこを見るともなく物思いにふけっている様子の人もちらほらいる。ビルの外では、整備員が荷物を積み込んだり燃料ホースを取りつけたりしている。大量の機内食がクレーンで機内調理室《ギャレー》に運び込まれている。ときおり響きわたる甲高いアナウンスの声が、手荷物から目を離さないよう注意を呼びかけたり、搭乗の準備が整ったことを知らせたりしている。大阪行き、サンフランシスコ行き、北京行き、ドバイ行きなど、意外なところや聞き慣れないところがいくらでもある。世界はいまだに、それなりに、とても広い未知の場所なのだ。

総ガラス張りの窓を通してエンジンの轟音が聞こえる。また一機、ジャンボジェットが空へ飛び立っていく。もうすぐ自分のフライトの番だ。ここにいるだれもがある意味さすらい人であり、迷い人に思われる――そのせいだろうか、いつものコミュニティや家族のなつかしい雰囲気がある環境以上に、自分をわかってもらえている気がする。ここではだれもが場違いな放浪者だ。だれの居場所でもないから、だれの居場所にもなりうる。自分がよそ者だと絶えず感じているわたしたちは、深夜煌々と照らされた空港でひとりさまよっているようなときが一番くつろげるのかもしれない。

同じように心地良いメランコリーなひとときになりうるのが、知り合いがひとりもいない都市のホテルに宿泊しているときだ。ひと晩中、ひとりでテレビを見たり、ルームサービスを頼んだり、中庭をはさんだ向かい側に三百ほど並んでいる同じような窓を眺めたりできる。思考が新たに広がって自由になり、家庭のさまざまなことからも、筋道を立ててわかりやすく話す、つべこべ文句を言わない、というプレッシャーからも、解放されていくのを感じる。見慣れない調度品、外国語のテレビドラマ、繁華街のほうから聞こえてくる喧騒のおかげで、抑え込んでいたさまざまな考えをあれこれ探れるようになる。いま寝転がっているベッドから、ほかの部屋で本を読んでいる人の姿、そのすぐ上の部屋には言い争っているらしいカップルの姿、また別の部屋にはぬいぐるみに窓の外を見せてあげている子どもの姿が見える。こうした人たちが、ふとたまらなく愛おしくなる。知り合うことはまずないけど、理解する気力も残っていないどこかの国の、醜くくも豊かな都市のはずれにある、ぞっとするほど無個性なこのコンクリートの建物のなかで、存在の一断面をつかのま共有している。この人たちに本音を語れたらどんなにいいだろう。心の奥底に悲しみや悔いがどれほどあるか。わたしたちだれもが許しと優しい愛情にどれほど値しているか。

特徴のない場所――空港、ホテル、大衆食堂、鉄道駅など――にいると、ふだんは否定している自分の一面と向き合う機会がある。悲しみ、悔い、孤独感もそうだ。どこを見回しても殺風景だからこそ、居場所という偽りの安らぎからの一種の解放になる。もう装わなくてもいい。あまりにも長いあいだ隠していたかもしれない悲しみを認めたい、という気持ちを、こうした場所は後押ししてくれる。

こうした寂しい場所ですれ違うよそ者同士のほうが、頼りにすべきとされている友人以上に、わたしたちが欲しくてたまらない本当のコミュニティを提供してくれているように思える。

旅先で見かける醜悪さの最たるもの――プラスチック、煌々とした明かり、けばけばしさ、安っぽさ——にも、心惹かれると言っていいものがあるのかもしれない。家庭的雰囲気の欠如、容赦なく照らす明かり、無個性な調度品は、ごく普通の趣味の良さに隠れた冷ややかさに代わるものを提供している。こうした場所にいるときのほうが、壁紙や家族の写真で彩られた居心地の良いリビングルームにいるときよりも、悲しみに浸りやすいのかもしれない。

わたしたちが一番くつろげるのは、居場所がまったくないところなのかもしれない。

人間嫌いとメランコリー

「人間嫌い」のようなことばがあるなんて、考えてみれば妙な話だ。ある現象が言語化するには、十分な数の人々がその現象に共感していなければならない。つまり、その概念が自分自身のなかにも、ほかの人たちのなかにもあるのを認めたうえで、言語化したい、場合によっては誇らしげに用いたい、そう思えるものでなければならない。

これほどあからさまで身も蓋もないことばが実に多くの言語にあるからには、わたしたちが自分と同じ種に対してどれほど誠意があるように見えていても、人間というもの――なにをしでかし、どんなふるまいをし、どんな考えが頭をよぎるのか――をトータルで見つめれば結局あきらめたくなるのも、そう珍しいことじゃない。その際限のない暴力、不正、愚かさを目にして、人類など進化しなければよかったのに、と思うのかもしれない。「知恵ある人《ホモサピエンス》」は根本的に、この地球にはびこっているどこまでも見苦しいやっかいな存在であることがはっきりしているから、未練なくその時代が終わったほうがいい、と思うのかもしれない。

「人間嫌い」は偏見でも先入観でもスノッブでもない。人間嫌いの人は、特定の集団だけを特に嫌っているわけではない。自分自身さえも含むすべての人を平等に嫌っている。人間は恥ずべき存在であり、生きるに値しない、という時流に合わない考えに至っているだけだ。人間である自分がよくよく考えたうえで、人間は重大な過ちであり、道義的間違いかもしれない、という判断に落ち着くのだから、想像力のこのうえもない進展である。

人間嫌いの人たちのこうした確信を支えているのはどのような考えなのか。わたしたち人間のなにがそんなに恐ろしいのか。厳密に挙げていくときりがないが、まずはこんなところじゃないだろうか。

○わたしたちはどうしようもなく暴力的だ。より崇高な目的に訴えて野蛮な行為を正当化しつづけている（祖国のため、正義のため、神のために戦っている）。それでも、こうも頻繁に嬉々として突然残酷になってしまうからには、もっと根本的ななにかがはたらいているように思える。人間が暴力的なのは、血なまぐさいことが心底好きだからだ。破壊するのは、暴れ回る機会がないと退屈してしまうからだ。結局のところ、戦うのがすごく楽しいからだ。

○人間はいたずらに執念深い。不当な扱いをされると、もう少し寛容になろう、思いやろう、という気持ちになるどころか、受けた痛手をいつまでも覚えていて、チャンスがあればもっと大きな力でやり返そうとする。「目には目を」なんて意気地なしの言うことだ、自分の番が来れば、むしろ即座に殺したほうがましだと考えている。

○人間はどこまでも独りよがりだ。心のどこかで絶えず、自分のしていることが自分にとって正しい理由をつくり上げ、それに対するほんのわずかな疑念も、反省や謝罪が必要などんな可能性も、ぬぐい去っている。いつだって相手のせいなのだ。自分には謝る必要がない理由、自分は加害者じゃなく被害者である理由が必ずある。罪悪感を覚えて償うことなど、一生を通じても全部で半時間にも満たないかもしれない。人間は恥知らずなのだ。

○人間は罰する相手を致命的に間違えている。自分はいま傷ついているが、傷つけた張本人はこの場にいない、あるいは歯向かえるような相手ではない。だから、ごく身近にいる無抵抗な人たちに自分の怒りをぶつける。部下や家族に思いっきり八つ当たりする。

○たしかに人間はゆくゆく学んで進歩する。何十年と生きていれば良識が身につく可能性は高い。しかし、いつだって、より新たな、より血に飢えた、より獰猛なタイプが現れ、人類が使わずにとってある激しさや獰猛さを煽ろうとする。こうなると洞察力を保っていられなくなり、戦争や離婚や口論を経験して痛い目に遭いながら築いてきた分別も数年おきに確実に消し飛ぶ。こうしてどの世代も原初的な怒りに戻る。刃先はさらに鋭く、武器はさらに強力になるのに、道徳的進歩がなく、破壊力と判断力との差はいやおうなしに広がる。人間はいつまで経っても愚かなままだ。

○人間は自分が嫌っている相手が間違いを犯した理由にまったく関心がない。相手を悪者呼ばわりして大いに悦に入っている。相手も不安や悲しみを抱えていたり、悪いと思ってもついやってしまったりするだけなのかもしれない、と想像する必要などまったくない状態が気に入っている。自分は清廉潔白だという意識に胡座をかいている。

○人間は他人の長所とされているもの一切を妬んでいるが、自分の力不足や無力さを認めるどころか、残念な気持ちを激情に変える。自分の自尊心をそうとは知らずに傷つけた相手を叩きのめそうとする。自分はつまらない人間だという思いをなんともひどい仕打ちに変える。

○人間は妥協をひどく嫌う。中途半端をよしとしない。それで「十分」かもしれないとか、ゆっくり進むかもしれないということが受け入れられない。壁を気長に修理するくらいなら、いますぐ家を丸ごと焼き払ったほうがましだと考える。

○人間は感謝の念など耐えがたいほどうんざりだと思っている。いまあるものをありがたく思うなんて真っ平ごめんなのだ。ぶつくさ言っているほうがはるかにおもしろい。

○人間はなんだかんだ言って自分を滑稽とは思っていない、だから笑えない。わざわざお金を払って笑わせてもらう。自分たちが愚かだという気づきは、だれかに探ってもらう必要がある可能性のひとつであるかのように。

○人間は当然の報いのことばかり考えて、思いやりについてちっとも考えていない。当然の報いとは相手に借りを返すこと。思いやり――こちらのほうがはるかに重要だ――とは、相手に借りはなくても、相手がどうしても必要としているなにかを差し出すこと。つまり、慈悲深くなれることだ。

メランコリーで人間嫌いの人も、もちろん、人間を愛している――あるいはかつて愛していた。そもそもの期待が大きいからこそ、人類のいまの状態にひどく悲しくなってしまうのだ。人間を心底愛してやまないからこそ、人間は重大な過ちだと結論づけるのだ。メランコリーで人間嫌いの人たちは意地が悪いわけじゃない。人間の試みを支持する確かな根拠を探し回っているだけなのだ。そして、少なくともいまのところは、苦戦している。

人類滅亡とメランコリー

いつの日か、人類の文明が自滅することになれば、地球外生命体、あるいは人類に取って代わるものが、荒廃した地球を目にして、「知恵ある人《ホモサピエンス》」にいったいなにが起きたのかと考えるだろう。そして出てくる答えは、だいたい次のような感じになるのではないか。

わたしたち人類が滅亡する根本的原因は、具体的な大災害、戦争、精神的打撃ではないだろう。問題の発端はきっと、人間の脳の構造にあるはずだ。

この脳というツールは、ひとつには、計算や組み合わせにとてつもない能力を発揮する何千億という神経細胞からなる非常に感銘深いものとして記憶されるだろう。地球外生命体も気づくように、人類の数々のすばらしい想像力が展開された脳のある部分は、脳科学では大脳新皮質と呼ばれ、ほかのどの種のものよりも数倍大きかった。この大脳新皮質のおかげで、この非常に利口な類人猿が、『魔笛』、『アンナ・カレーニナ』、コンコルド、そしてさまざまな文明を生み出すことにつながった。

一方で地球外生命体は、人類の脳にはそれとは別の、影響力は非常に強いけれどとても感銘深いとは言えない、は虫類の脳と呼ばれていた部分があったことにも気づくだろう。攻撃性、貪欲さ、衝動性を司るこの部分は、ハイエナや小型げっ歯類の脳との共通点のほうが圧倒的に多い。

このは虫類の脳のために、「ホモサピエンス」は最終的に三つのやっかいな問題を抱えることになった。

1. 部族主義。人類は大昔からずっと、よそ者に対して激しい嫌悪感を抱きやすく、部族外の人間を大量虐殺する強い傾向があった。自分と同じ仲間であるすべての人々のなかに、人間性をきちんと認めることがどうしてもできなかった。

2. 「ホモサピエンス」には場当たり的に考える致命的な傾向があった。目の前にデータを突きつけられても、すぐ目先のこと、せいぜい数年先しか思い描けず、長期的視野など途方もなく現実離れしていると考えていた。こうして人類の一時の衝動は抑え込まれないまま、個人の未来も集団の未来も破壊する方向にはたらいた。

3.「ホモサピエンス」は希望的観測をとりわけ強く好んだ。人間の脳は、はかりしれない知的偉業を成し遂げる能力がありながら、脳そのものについてよく考えるのをいやがった。自分が考えたことを合理的に吟味するのは耐えられず、思考よりも行動、計画よりも空想を好んだ。科学的方法を編み出しておきながら――ほとんどの場合――そうした方法を用いようとしなかった。人間の脳は狂気や幻想を常習的に求めていた。脳自体のことは知ろうとしなかった。

以上三つの欠陥が、何世代にもわたって性懲りもなく、多かれ少なかれ続いた。こうした欠陥を補うため、いくつかの制度も編み出された。法律、健全な政府、教育、哲学、科学もそうで、ある程度は効果があった。人間は相変わらず、同じ仲間である人間の集団殺戮を繰り返していたけれど、人類を皆殺しにしたわけではなかった。最大の破滅をもたらしたのは、ますます増大し、しかも歯止めの効かなくなった大脳新皮質の力だった。この非常に強力なツールがやがて、火を扱い、自然の力を抑え込み、この世界を神のように意のままに操る力を「ホモサピエンス」に与えるまでになった――その間も、ホモサピエンスというこの動物全体で見れば、相変わらずハイエナと同じような反射神経で行動していた。この種が犯すさまざまな過ちの代償はますます大きくなり、大脳新皮質の力が抑えられなくなるのに対し、その分別はとぎれとぎれで不安定なままだった。最後には、大脳新皮質の力が自制心をしのいだ。人類は核武装したげっ歯類同然になった。

人類を救えたかもしれないものがひとつだけあった。愛だ。特に次の三種類の愛があればよかったのだ。

1. 見知らぬ人への愛。よそ者も自分たちと同じで、哀れみや思いやりに値すると考えられる能力。

2. まだ生まれていない人への愛。この世にまだ生まれていないし、同時代を生きることもないけれど、自分たちのいまの身勝手なふるまいにその暮らしが方向づけられている未来の人々への配慮。

3. 真実への愛。幻想や虚偽に抵抗し、あらゆる不都合な事実に断固として立ち向かう強さ。

なにも未来の地球外生命体じゃなくても、こうしたことはすべて理解できる。わたしたちは大惨事のシナリオをいままさに痛感している。人類の文明の運命を最終的に決めるのは、法廷でも、選挙でも、政界でもない。わたしたちの衝動のもっとも短絡的で自己中心的で凶暴な部分が活発になるのを抑えられるかどうかにかかっている。その衝動は、わたしたちの両耳のあいだの有機物が密集したひだのなかにある。要するに人類の運命は、わたしたちの脳の欠陥構造を絶えず補う努力を身につけることにかかっているのだ。

アメリカとメランコリー

ほとんどの国は直感的にわかっている。人生は——そのほとんどが——辛く、思うようにならないものだと。不幸は普通のことで、人は苦しむために生まれてくるのであり、仮に報いがあるとしてもそれを得られるのは別の世界だ、と考えている。幸福を権利のひとつとしてもよいのではないかと言い出し、その野心を建国時の文書に明記していることが、アメリカという国を当初から世界の例外にしている、おそらくもっとも重要な点かもしれない。

アメリカを訪れる人は必ず、この国の憲法で認められた快楽主義の表明に気づかされる。アメリカ人のあいさつは喜びにあふれ、口角を上げてにかっとした笑顔を見せる。巨大な屋外看板はこの国の信条を幹線道路沿いに掲げ、ラジオは熱狂的な歓喜の声を流している。この国ではだれもが上昇志向だ。聖地《エルサレム》は来世にある神話の町ではなく、まさにここアメリカに、自分たちアメリカ人の手で、この丘の上に、建てられることになっている。

こうした共通目的を持つアメリカのアーティストたちは、この自称「現世の聖地」を背景に現実の人々の暮らしを描き出すことで、一種の皮肉な効果をもたらすのはわけない、と考えてきた。ディズニーランドの魔法の城から愛人にメッセージを送り、現実逃避を図っている家族思いで責任感の強い「ごく普通の」男性。マリブのパラダイス・リゾートにいる離婚寸前のカップル。車体がやたらと長いリムジンのすぐそばで泣いている、仲間外れにされたプロムクイーン。サンシャイン・モーテルの駐車場で数時間後に四十五口径銃で自殺することになる、RV車の熱心なセールスマン。ほかにももっと見事な手法、さまざまなアートのジャンルで、このようなことがこれまでに何度も繰り返されてきた。

このアメリカ文化のせいで人々が自身の現実をしかたなく受け入れるのがどんなに大変かということが皮肉られているのだ。完璧が普通とされていたら、ありのままの自分を受け入れるのは不可能に思える。はばからずに泣けるときが（「しかめっ面ゼロの街」を掲げる）テキサス州ハッピーにあるだろうか。悲しみは罪深い人間の欠点のひとつ、という考えからぜんぜん変わっていない。そうではなく、魔法が解けて堕落した世界で生きていればそれも当然のひとつの結果だととらえるほうが、慰めになるのに。

つねに変わらない幸せ、というありえない宣伝文句。

［上］コカ・コーラの屋外広告「コークを飲んでスマイル」
（ロサンゼルス、1980年頃）

［下］「しかめっ面ゼロの街、ハッピーへようこそ」（テキサス州）

アメリカ人が現に抱えている苦痛の種はただちに治療対象とされ、可能であれば化学的に取り除かれる。あるいは、だれかのせいにできる場合は訴訟になることもある。悲しみはごく普通ととらえるべきであり、すぐに取り除いたり個人的欠点だと決めつけたりできないものなのではないか、という考えに耐えられないのだ。アメリカというところではメランコリーを認めるのが非常に難しい。メランコリーという感情は個人の気力が衰えていることのたんなる徴候ではなく、国の宿命に対する一種の侮辱なのだ。

心理学で言われているように、躁状態の幸福感は、直視できないなんらかの苦しみの徴候である場合が多い。絶えず笑顔でいなければならないのは、心の奥に潜んでいる悲しみをまったく感じないようにするためだ。もっと言えば、アメリカが必死に笑顔を見せているのは、純粋に屈託がないからじゃなく、悲しむことがただただ耐えがたい状況が少なからずあるからかもしれない。

悲しみを認めるのはわけない、と考えてきた集団がアメリカにふたつあるのは示唆的だ。ネイティブ・アメリカンの歴史の核にはあの「涙の道」があり、チェロキー族が——それ以前に国のリーダーたちがワシントンではっきりと約束していたにもかかわらず——ミシシッピ川東部の自分たちの土地からいまのオクラホマ州への集団移住を強制された歴史を記憶にとどめている。十九世紀のネイティブ・アメリカンの肖像

［上］
「ベツィー」ことエリザベス・ブラウン・スティーブンスは1838年に「涙の道」を歩いたチェロキー族（1903年撮影）
［下］
「涙の道」で命を落としたチェロキー族4000名を追悼する「涙の道」記念碑（ジョージア州ニューエコタ）

写真に、うれしそうな顔で見つめ返している人がほとんどいないのも意外ではない。ネイティブ・アメリカンのコミュニティの多くでは、感謝祭《サンクスギビング》はたんに「全米哀悼の日」とされている。

アフリカ系アメリカ人も同様に、この国の暗い過去を経験してきた。音楽史へのその大きな貢献のひとつが、たんに「ブルース」〔憂うつの意〕と呼ばれているだけのことはある。白人支配の文化のなかで、あれほど底抜けに明るい笑顔をたびたび見せてこなければならなかったのも無理はない。それだけ多くの涙を隠すためだったのだ。

どの国にも恐ろしい経験があり、どの民族にも後ろめたさを感じる原因がある。清廉潔白なんてありえないし、純粋な誇りもありえない。一国がその歴史を通じてどれだけ苦しみに関わってきたかを認めることができれば、その分、闇との関係が自然かつしっかりしたものになりうる。悲しむことができないなにかから逃げているだれかのように、そんなに完璧に、そんなにひたすら、笑顔を見せなくてもいいではないか。そのほうがもっと容易に、自分自身の涙の道を歩み、自分ごととしてとらえられるようになる。

家畜とメランコリー

総数で言えば、家畜はわたしたち人間よりはるかに多い。人間はたかだか七十五億人、一方、鶏は百九十億羽、羊は十億匹、豚も十億匹、牛は十五億頭いる。

家畜が幸せなはずはないけど、だからといって文句を言うこともできない。家畜は構造的にこの世でもっともメランコリーな生き物だ。悲しみの本質を理解するのに、なにも十九世紀の結核持ちの詩人が書いた詩や、二十世紀半ばの実存主義哲学者の分析を読む必要などない。たとえばブラックアンガス牛の目をじっと数分見つめるだけでいい。なにしろこの世でふた夏過ごしただけで、数日後にはもう屠畜される運命なのだから。

牛は自分の身に起こりつつあることをちゃんとわかっているのかもしれない、と言ってもとても信じてもらえないだろう。でも、どうも様子が変だと感じているかもしれない、くらいは言ってもいいのではないか。生まれた場所の設備があまりにもきちんと系統化されていてどうもうそっぽいこと。しょっちゅう与えられるのでひと休みして反芻するひまもない高カロリーの食事にどうも不審な点があること。スチール製の囲いから囲いへ集められたり、ビタミン剤やホルモン剤を注射されたりするとき、人間からひどく手荒な扱いを受けること。たびたび繰り返される仲間の失踪やトラックのそばで聞こえる低いうなり声も、いつか自分の身に降りかかることなのではないか、と思っているかもしれない。

屠畜場のなかの様子を目にしたら肉を食べようとは思わなくなる、とよく言われている。でも、牧草地の隅っこにいる家畜牛の目を二分間なんとかじっとのぞき込んでみるだけで、それよりずっと前の段階で、もっと穏やかな方法で、後ろめたい気分になるかもしれない。牛の無抵抗な様子、進んで仲良くしようとする様子に、いたたまれない気持ちにさせられる。牛が野生本能を取り戻して襲ってくるのでは、と不安に思うかもしれないけど、わたしたちは牛に蹴飛ばされて死んだって当然なのだ。なのに、こちらがわずかばかりの草を手の平にのせると、牛は微笑みとも言えるものを浮かべて、その大きな肉厚のやわらかい舌でさっと口に入れるではないか。鼻をなでたり脇腹をさすったりもさせてくれる――ただしこの牛はもうすぐ、屠畜場の冷蔵室のなかを高速で回転しているフックに吊るされることになる。その冷蔵室のいたるところに、捨てられたひづめやしっぽ、パニック状態で排泄された糞があり、茶色がかった赤い血が飛び散っている。

牛がこちらをじっと見つめ返してくる様子は、まるですべてをわかっているかのようだ。わたしたち人間のくだらない欲望も、隠ぺいも、卑劣な言い逃れも、啓蒙だの善だのというばかげた主張も、自分たちをずっと騙しつづけてきたのもお見通しなのだ。すべては一万年前に小アジア中部で始まった。少なくともその頃は、生きている牛は高価で貴重であり、崇められるほどだった。独りよがりな人間たちのなかには、牛を屠畜する日に詩を書いたり祭をおこなったりする者もいたかもしれない。たしかにばかばかしい。でも、ほかの五十頭の仲間とともに淡々と額を撃たれて逆さ吊りにされたあげく、幹線道路から外れたどこかの大衆食堂で、あばら肉の一部をケチャップまみれの皿の上に食べ残されたり、皮革をそのソファーに使われたりすることになるよりはましだった。

家畜牛がわたしたちをやましい気持ちにさせるんじゃない。そもそもわたしたちには、やましいところが大いにある。自分がふだん思っている以上に、牛がはるかに人間に近い生き物であるのを知っている。牛は――不活性ガスと岩石が大半の宇宙において――同じ複雑型細胞生命体の仲間であり、人間とはほとんどきょうだい関係にある。それでもわたしたちが屠畜をやり通せるのは、牛はさまざまな点で人間とは違う、と自分自身に絶えず言い聞かせているからにほかならない。いわく、牛は完成文で話せない、考えることができない、計算できない、プルタルコスを読んだことがない……だから、自分たちのしていることは問題ないし、おそらく牛だってそもそもそれほど生きていたいわけじゃないだろう、というわけだ。牛は、自分がこれまでさんざん食べさせてもらったお礼に、今度は自分が食べられても別にかまわないと思っているのだ、と。スペイン人侵略者たちが南米の行く先々で殺戮を繰り返していたときに用いた論法も、この手のものだったにちがいない。

ビーガンやベジタリアンが自分の潔白さを信じるのはいたって簡単だろう。苦悩しながらつい肉を食べてしまう人のほうが、もしかすると、人間らしいジレンマにしっかり陥っているのかもしれない。それは、わたしたち人間がつねに本質的にほかのなにかを犠牲にして命を得ているというジレンマ、ほかの多くの生き物が人間のために死んでくれたおかげで自分たちが生きながらえているというジレンマ、人間は救いがたいほど略奪的な種であるというジレンマ、人間というものの正体をじっくりと考えるたびにうんざりする以外、わたしたちにはなんの権利もないというジレンマだ。

まもなく屠畜される牛にとって唯一の慰めは、生物学の法則にある。生活環《ライフサイクル》は、殺生するすべての者（わたしたち人間）にすぐに追いつく。今度はわたしたちが、罪のない腹ぺこのウジ虫やミミズなどに少しずつ蝕まれていく。わたしたちの一部もいずれ、ほかの生き物たちに食べられることになるのだ。それでも、だれも泣かないし、泣くべきじゃない。

タヒチ島とメランコリー

人類は大昔からずっと、楽園はあるにちがいないと思い、そこがどんなところかというイメージのひとつやふたつを抱いてきた。温暖で、ヤシの木があちこちに生え、みずみずしい果実がふんだんにあり、おとなしい動物たちがそこかしこにいて、あたたかく迎えてくれる親切な人々が暮らしている。そのような場所を、中世ヨーロッパの物書きは想像力を駆使して描き出し、ルネサンスの画家は絵にした——そして十六世紀までには、楽園を実際に見つけるべく、船乗りが大海原へ乗り出すようになった。パナマの海岸線、ウィンドワード諸島、マダガスカル北部など、さまざまな場所が楽園とされたこともあったが、最終的には、地球のどこかに楽園があるとすれば、それはオーストラリアから東へ五千七百キロ離れた南太平洋上に突き出た一枚の広大な玄武岩にちがいない、ということになった。もともとはオタハイト島と呼ばれ、いまはタ

ヤン・ブリューゲル（子）《楽園》（1620年頃）

ヒチ島として知られている場所だ。

フランス人初の世界周航者で、この島を探検したルイ・アントワーヌ・ド・ブーガンヴィルは、二隻の船でヒティアオテラ北東の海岸に一七六八年四月二日に上陸したとき、自分がなにを見つけたかを確信した。ブーガンヴィルは次のように記している。トロピカルフルーツと魚を常食とする穏やかな人々が、海岸近くに整然と並ぶ茅葺きの村で暮らしている。腰蓑と貝殻の首飾りだけを身につけ、大自然と天空を崇め、優しく、筋骨たくましく、礼儀正しく、恐れや憎しみとはまったく無縁に見える。本を読んだり計算したりしたことはないが、だからといってこの人たちが劣っているとは思えない――。のどかな十日間を過ごしたブーガンヴィルはこの島を、ギリシャ神話の愛の女神アフロディテゆかりの場所とされるキティラ島にちなんで「新キティラ島」〔フランス語読みは新シテール島〕と名づけた。一七八八年、イギリスのある探検隊がタヒチ島の果樹などの調査・採集をして五ヶ月経った頃、その探検隊を運んできたイギリス海軍の武装輸送船バウンティ号の船員の一部が、またイギリスまで戻るぐらいならいっそ反乱を起こしてやろう、と考えたのもそれほど驚くことではなかった。タヒチ島の雄大な自然についてのさまざまな話は徐々にヨーロッパに伝わり、人々の想像を掻き立てた。富も高度な科学技術も一切ないにもかかわらず、タヒチ島は近代的なものを間違いなくしのいでいた。どうやらこの島の人々はパリやロンドンの知識人には理解できないなにかを心得ているらしい。それは、足るを知る、ということだ。

だからいまでもわたしたちヨーロッパ人は、パリのシャルル・ド・ゴール空港へ向かい、そこから十二時間のフライトでロサンゼルス国際空港まで行き、乗り継ぎ待ちで四時間、そこからさらに九時間のフライトで、ヨーロッパから一万五千七百キロ離れたタヒチ島のファアア国際空港までやってくるのかもしれない。「楽園へようこそ」と――控えめに――書かれた看板が、税関を通ったあとの通路に掲げられている。ヨーロッパ人のさまざまな想像のなかでもっとも重要な楽園の代わりをしなければならないのは、タヒチ島にとって名誉なだけでなく、災いでもある。

ブーガンヴィルが目にしたものはいまでも十分存在するから、まさに楽園に来た、と感じられるのは間違いない――晴れた朝の鮮やかな空、みずみずしい果実、輝くような花々、美しい島の人々――いまではそれに加えて、七つのプール、五軒のレストラン、複数のサウナ、ヨガセンター、茅葺きの宿泊小屋を抱えるインターコンチネンタル・タヒチ・リゾート&スパが、ファアア国際空港近くの入り江に見え隠れしている。

そんな熱帯の島タヒチにも、メランコリーが垂れ込めることがある。雨が降りはじめたとき、ホテルの宿泊客がびしょ濡れのタオルを抱えて大急ぎで浜辺から戻り、ロビーで雨をやり過ごしているとき、「じきに止みますから」とホテルの支配人が笑顔でみんなに請け合っているとき、デイヴィッド・スウィートマンが書いたポール・ゴーギャン(一八九一年にこの島に来て、全島民に梅毒を移した画家)の決定版伝記か、ヒラリー・スパーリングが書いたアンリ・マティス(一九三〇年にこの島に来て、宿泊していたホテル・スチュアートの部屋で退屈してもの悲しくなった画家。このホテルは首都パペーテの海辺を見渡すコンクリートのかたまりだったが、いまは取り壊されている)の伝記あたりを座って読んでいるときもそうだ。

ゴーギャンは、タヒチ島のやっかいな状況はすべて、十九世紀初期の宣教師のせいだと考えていた。宣教師のせいで、島のみんなが気難しくなってしまった、島の人々がセックスをやましく感じるようになってしまった、島の女性たちが胸を覆い隠すようになってしまった、島の子どもたちが讃美歌を歌うようになってしまった、と。

マティスは、自分の気分が理解できなかった。なにひとつ不自由はしていない。浜辺を散歩した。カヌーも漕いでみた。なのに、これほどの輝きに対する力不足を感じていた。それまでの自分の人生が困難だったために、こうした歓喜に対する心の準備ができていない。自分は楽園でなにをすべきなのか。絵にするなんてとても無理だ。そんなのは太陽を凝視しようとするのと変わらない。ホテルの部屋のバルコニーにある花や、ラグーン周辺の木をスケッチしてみようとなんとなく試みたことは何度かあったけど、すぐに圧倒されてしまった。ずっとあとになってから、ヨーロッパに戻って何年も経ち、さらに多くの苦悩に襲われ、第二次世界大戦が終わり、十二指腸がんを

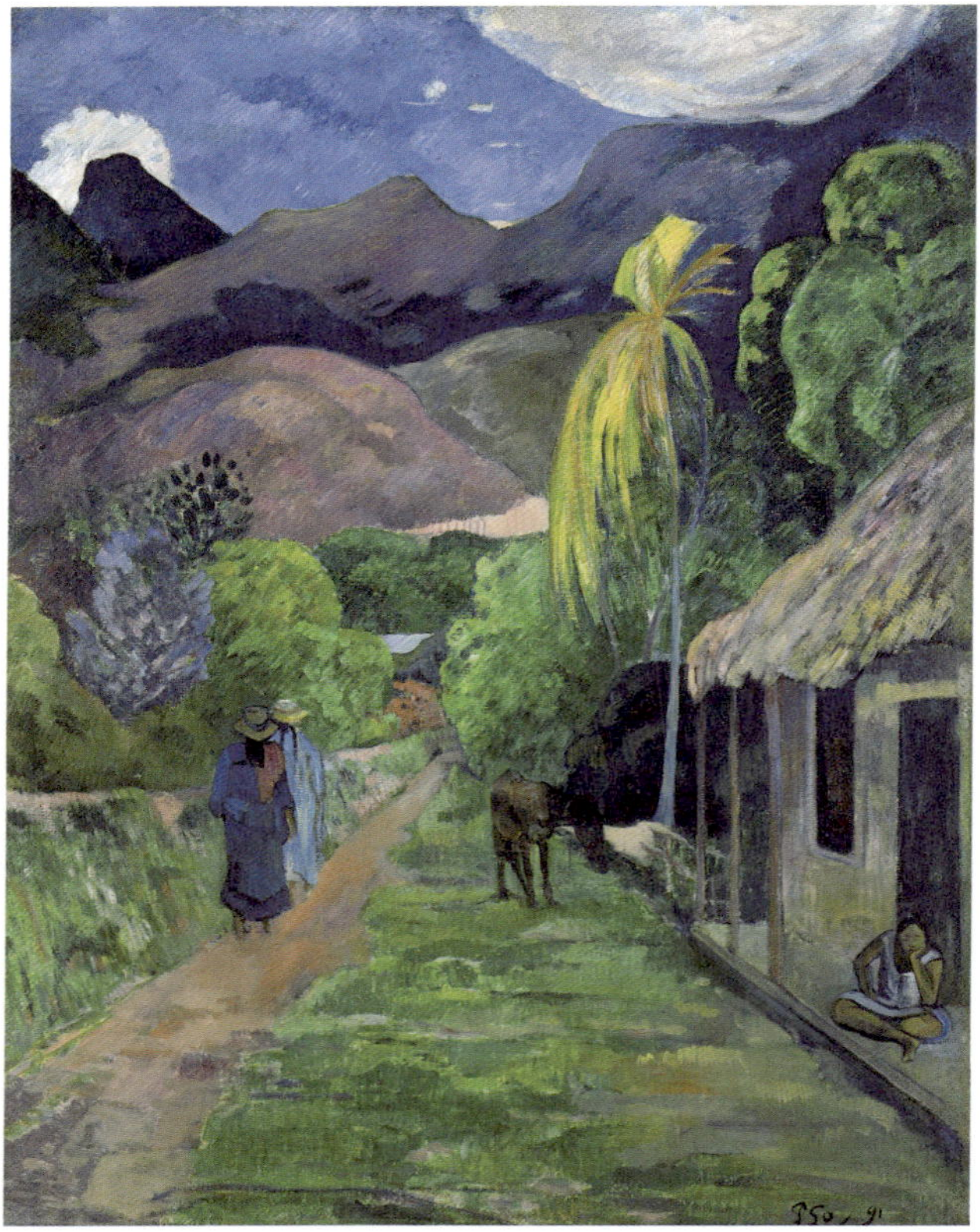

ポール・ゴーギャン《タヒチの通り》（1891年）

患って歩けなくなってから、ようやく、当時は描けなかったタヒチの美しさにとりつかれだした。青緑色《ターコイズ》の海、珊瑚礁、ソシエテマミムナジロバト〔仏領ポリネシア固有の鳩〕、マンタ、ウミガメ。楽園は思慕の対象としてのみマティスの創造性に入り込むことを許され、その最終的なかたちは、幸福が抽象的に凝縮された作品のなかに見出された。完成してまもなく亡くなったマティスは、この作品を《オセアニアの記憶》と題している。

楽園はわたしたちの性にたんに合わないのかもしれない。この身体にはあまりにも多くの不安が駆け巡っている。不安になり、悪賢い人の言うことを信じ、自分で自分をだめにしたり、自分の心に背いたりしがちだ。わたしたちは「ふだんどおりの自分」を、つまり、気難しさ、後悔、不満、無知、押し殺している怒りをすべてそのまま理想郷《アルカディア》に持ち込んでしまう。例のバウンティ号の反乱者たちは、最終的には、殺し合ったり、部族間の争いを煽ったり、一部は発狂したりした。ゴーギャンは自殺しようとした。わたしたちが自分の力不足やメランコリーを一番痛切に感じるのは、楽園にいるときなのかもしれない。

アンリ・マティス《オセアニアの記憶》（1952–53年）

政治的意見とメランコリー

わたしたちは選挙の際の投票のしかたで人を右派か左派かに分けることに慣れている。でも、ほかにもっと良い呼び方があるのではないだろうか。人の個性のなかでも、もっと広がりのある、もっと深いなにかをうまく言い表すものとして、「ロマンチスト派」と「メランコリー派」とするのはどうだろうか。このふたつのタイプで意見が異なる点をいくつか挙げてみよう。

大変革か、ゆるやかな進歩か

ロマンチスト派は、大胆かつ迅速な行動さえとれれば、はるかに良い世界がすぐにでも実現できるのに、と考えている。なにかの協定に合意すれば、あるいは破棄すればいいのに、戦争を始めれば、あるいは終わらせればいいのに、といった具合だ。ある程度の性急さは国を治めるのに不可欠な資質のひとつ、とみなしている。それに、怒りもそれほど悪いことじゃない、と考えているかもしれない。なんだかんだで人は寛容になりすぎることがあるからだ。ロマンチスト派はものごとの理想的なあり方を思い描いてわくわくしているから、この世界に現にあるものを、つねにより良い想像の世界を基準にして判断している。だから現状にひどく失望させられてばかりいる。政府の人間ほぼ全員の、不正行為、ごまかし、妥協、臆病さをよく見ているからだ。

一方、メランコリー派は、突然の意思表示や行動に対する不信感が強い。うまくいかない可能性にとりわけ注意を払い、その場合の否定的側面をなんとか軽減したいと考えている。また、たいていのものごとはまだましなほうだと認識している。ある政策を非難する前に、これまでの政策基準を考慮し、そのうえで、いまの状況なら目下の計画は耐えうるものだと評価するかもしれない。人に対する見方が基本的に後ろ向きで、すべての人は見かけよりおそらく若干悪い人間だろうと思っている。人間には非常に危険な出来心や欲望や衝動があると感じているから、政治の務めはこうしたものを抑制することであって、天性、強さ、魅力、慈悲などを自由に発揮させることではない、と考えている。高い理想に不安を覚えるのは、なにごとも悪化させたくないという思いが強いからだ。進歩への期待という点で、慎重で控えめなのだ。世界はわずかに良くなっているかもしれない――三百年後には――と大胆に推定する。

非難か、責務か

ロマンチスト派は、世の中のおかしな点にいろいろ気づくだけじゃなく、その責任の所在を突き止めることに自信を持っている。おそらくこの特定の社会集団、あるいはあの階級に責任があるにちがいない、といった具合だ。なにか問題があるのに、それがだれの責任でもない、なんてありえないから、政治の務めはその問題を起こした張本人を特定し、適切に対処することにあると考える。ロマンチスト派は自らが清廉潔白であることを基本的に強く信じている。相手のような不正を自分は絶対にしないと確信しているから、やましさを一切感じることなく、相手を攻撃することができる。

メランコリー派も、世の中のおかしな点に気づいてはいるけれど、罪や間違いを犯す可能性は自分にもあるのを十分認識しているので、だれかに責任を負わせることを躊躇する。状況が違っていれば自分も違法行為に関わっていたかもしれない、と自覚しているし、正義はだれかひとりだけのものではない、と考えている。メランコリー派なら、悪事はどんな集団や階級にも同じような割合で存在するのだから、事あるごとにお互い大目に見るほうが重要だと言うだろう。

個人重視か、組織重視か

ロマンチスト派は、歴史に残るような功績はすべて、才能ある個人がだれの手も借りずに運命を掌握し、多数派の、とりわけ組織の硬直化や保守主義と戦ったからだと考える。

メランコリー派は、一匹狼的な人がだれの手も借りずに事を運んだ結果、だれしも――どんなに聡明な人でも――生まれ持った欠点が原因で大失敗となる可能性を深く憂慮している。だから、法的根拠のある、動きの非常に鈍い組織の側に立っている。こうした組織は個人の力を抑え込み、その集団の方針をあまりにも早急に変えようとする人間がひとりでもいる可能性を封じ込めるよう設計されている。

正義か、懐疑か

ロマンチスト派は、ある状況や争点をはっきりと理解することは可能だから、まぎれもない公正さや正義を確信できると考えている。同意しない人の話をきちんと聞く必要はない、相手があきらかに間違っているのだから、必要に応じて黙らせるなり無視するなりしてかまわない、と考えている。

メランコリー派は、自分たちの側も相手側も政策の分析を誤る可能性があることを極度に警戒している。だから、反対意見に辛抱強く耳を貸そうとする――そこにもつねに真実のかけらがあるかもしれない、と考えている。

強硬か、穏健か

ロマンチスト派は、国家の安全を保障する最善策は、自国を際立った「強国」に見せることだと考えている。

メランコリー派は、国家の安全を保障する最善策は、周辺国から良く思われることであり、したがって、近隣諸国を動揺させたり、不安にさせたり、混乱させたりするような行動はなんとしても避けるべきだと考えている。強硬な態度は、同じように強くなりたい、という相手国の願望を刺激しやすいことに気づいている。だから、とるべき最善の道は、最悪の事態に備えて非公式に訓練をおこない——その一方で、あらゆる公的な場で友好の手を差し伸べることかもしれない、と思っている。

✢

ロマンチスト派、メランコリー派、どちらの政治的信条にも共有すべき重要な真理がある。どちらか一方が完全に正しいわけでも間違っているわけでもない。要はバランスだ。いずれにしても、どちらか一方だけに偏っている人などいない。それでも望ましい政治情勢のためには両者のバランスをうまくとる必要があるから、現時点で多くの国々においては、メランコリー派の考え方こそ、その際立った主張や見識に一番真剣に耳を傾ける必要があり、再発見の機は熟していると言えるかもしれない。

内なる批評家とメランコリー

ほぼだれもが心のなかに「内なる批評家」なるものを抱えている。そいつはどちらかというと夜中に訪れる傾向がある。こちらがひどく疲れていたり体が弱っていたりするときを見計らい、悪意に満ちた恐ろしいことをいろいろささやきはじめ、安らぎ、自信、自分への思いやり《セルフコンパッション》をことごとく打ち砕こうとする。そいつは根本的に、わたしたちなんかこの世にいないほうがいいと確信していて、その理由を実に巧妙に次から次へと思いつく。極限状態のとき、さっさと自殺しろ、とささやくのはこの内なる批評家だ。

ありがちだけど、この内なる批評家からまたしても厳しい批判を浴びると、思考停止してしまい、どう言い返せばいいかわからなくなる。闇のなかで内なる批評家とふたりきりなので、自分の状況に関わるなにかほかの見方があるかもしれないということを忘れてしまう。こうして容赦ない批判にさらされるがまま、自責の念と絶望感に打ちひしがれていく。

今度この内なる批評家が訪れたときに言い返せそうなことを、ひとつかふたつ――しっかり考えられる状態のときに――用意しておいたほうがいい。

✣

「おまえは完全に負け組だ」

人生の語り方には何通りもある。希望と絶望の違いはその語り方にかかっていて、同じ一連の事実でも対照的なものになる。たしかに、その気になればどんなことも悲劇として語れるし、自殺を考える材料は十分にある。でも、別のやり方を試してみよう。人生をこんなふうに語ることもできる。「とてつもなく大きな困難にもかかわらず、まともに生きようとした。重大な間違いもいくつか犯したけど、人間だれでも間違いを犯すものだし、その大きな代償も払った。いろんな面で、当然の報いをはるかに超えた苦労をした。地獄を見てきた。それでもなお、善良であろうとしたし、きちんと愛した人も少なからずいたし、歩みつづけようとした」。死んだら墓にこう刻まれるかもしれない。「懸命に努力した」あるいは「なにはともあれ、心根が優しかった」。このほうがはるかに優しく、同じように妥当な人生の語り方じゃないだろうか。

「おまえには吐き気がする。同情になんか値するもんか」

ここまで言われると、この内なる批評家はいったいどこから来ているのかと思うかもしれない。答えはひとつ。内なる批評家というのはずっと、外部の批評家が内面化されたものだったのだ。以前だれかに言われたり感じさせられたりしたのと同じ調子で自分自身に話しかけているわけだ。そんないかれたとんでもないやつとは距離を置き、人の頭のなかでいったいなにをしている、と問いただすべきだ。相手がだれであれ、こんな言い方ってあるか？　欠点はすべてひとつ残らず喜んで認め、謝罪、償い、大きな埋め合わせをし、当然の報いも進んで受ける――だけど、これは？　こんなことを言われてもしかたないのだろうか？　この内なる批評家は、自分なんかさっさと死ねばいいのにと思っている――だけど、そんなやつにこちらの頭のなかへずかずかと入ってきて傷つける権利などない。

「おまえ以外はみんな順調な人生を送っている」

またいかにも心を掻き乱す言い方だ。実際には、ほかの人のことなんてわからない。相手の見た目や話す内容からしかわからないし、当然、都合の悪いことはすべて隠されていることくらい、十分すぎるほどわかっている。まず間違いなく、ほかの人だって取り乱すこともあれば、罪悪感や恐怖心にさいなまれることもあるだろう。もちろん、完璧な人生を送っているように見える人たちも多少はいる。でもそれは、こちらがその人たちのことをよく知らないからにすぎない。よくよく見れば、だれひとりとして普通の人生も、超幸せな人生も送っていない。人生はだれにとっても苦しいものだ。自分が知っている本当の自分を、ほかの人たちが見せびらかしている人生とくらべるのはやめよう。

「おまえは許されない間違いを犯した」

またか。否定してもムダだ。最大の防御は「そりゃたしかに！」と言って譲歩することだ。そりゃたしかに、ひどい間違いも、とんでもなくひどい間違いも何度か犯してきた！　そりゃたしかに、大ばか野郎だった！　でも、ちょっと子どもの頃の記憶をたどって、経験したこと、生い立ちを思い起こしてみよう。少しでもまともだった可能性は？　起立して自分の名前を言えるなんてすごい。子どもは完璧な人間を演じたりしない。子どもの頃を思い出すと心が癒される。自分はひょっとしたら完璧だったことがあるかも、と考えて自分をさいなむのはやめよう。自分が存在することに驚嘆しよう。

「良くなることは絶対にありえない」

正直言って、わからない。先のことはだれにもわからない。なんとも不思議でとんでもないことが突然いろいろ起こってきた。だから、なんとも不思議ですばらしいことも、ふと起こるかもしれない。絶望するのは、話の続きを知っていることが前提だ。立ち止まらずに歩みつづけよう。

「もうすぐ大変なことになる。大惨事になるぞ」

この内なる批評家は恐怖を煽り立てるのが大好きだから、もうすぐ恐ろしいことが起こる、としつこく言いつづける。こんなサディスティックな批評家は、相手と同じやり方で打ち負かしたほうがいい。まず、事態は楽しいほうへ向かうだろうと期待するのをやめ、そのうえで、災難が起こりうることにただびくびくしてばかりいるのをやめる。相手の攻撃に先手を打つわけだ。たしかに問題はあるかもしれない、でも結局、だからどうだと言うのか。解決できるかもしれない。たとえ落ちぶれても生きてはいける。片足になっても、追放されても、友人がひとりになっても、収入がわずかでも、人々はなんとかがんばって生きてきた。なんとかなる。

「おまえはだれにも愛されていない、愛されるはずがない」

これは特にこたえる。夜中の三時頃ならなおさらだ。でもやっぱり、真実であるはずがない。自分は苦労してきたし、誠実だし、思いやりがある。だれかがそばにいてくれるにはそれで十分だ。たいていの人は勝ち組を愛するけど、自分が必要としているのは「たいていの」人じゃない。思いやりのあるごく一部の人たちに集中しよう。その人たちに自分の苦しみを正直に話せば、きっと寄り添ってくれる。

「おまえはなんて醜いんだ」

なるほど、そうかもしれない。でもそんな人はいくらでもいる。それに、人を好きになると相手の心をしっかり見るようになり、その人柄を愛するようになる。自分が心から愛している人たちの容姿なんて、たぶん、長いことあまり考えていなかったはずだ。

「五年後のおまえはどうなっている?」

いまの時点でだれが気にするのか。人生はもっと細かい単位に区切って考えよう。まずは、次の食事に間に合い、そのあと風呂にのんびり浸かれるかどうかだ。それができれば、しっかり達成したことになる。目標を、まず生き残るという必須条件に下げればいい。いまから一時間以内にとんでもなく恐ろしいことがなにも起こらなければ万々歳だ。平穏に過ぎていくこの十分間を喜ぼう。

「死にたいんだろう？　死んだほうがいいぞ」

とんでもない。生きづらさを感じているだけで、生きていく気満々だ。まともな人間になって歩みつづける方法を見つけたい。もちろんそうする。

✢

こうなると、この内なる批評家は言い返されてばかりいることに怒って立ち去り、数時間は放っておいてくれるかもしれない。そのあいだに思い出そう。五歳の頃、髪をなでたり、かわいらしいあだ名で呼んだりしてくれただれかに優しく面倒をみてもらっていたときの気持ちを。事態はあれから厳しくなっているけど、わたしたちが受けるに値するものは変わっていない。だれもがみんな、いまも小さな子どもと同じで、許されるに値し、うんと大目に見てもらうことを必要としている。自分が置かれた環境でなんとかやっていきながらベストを尽くそうと努力している。だれでもメランコリーになることはある。でも、悲劇は防げる。

園芸とメランコリー

十八世紀のヨーロッパで非常によく知られていたある小説の副題に、ぜひ注目したい。一七五九年に三日間で一気に書き上げられた『カンディード　あるいは最善説』だ。作者ヴォルテールが風刺によって打ち砕こうとした重要な標的がひとつあるとすれば、それは、あの時代の希望、つまり、科学、愛、技術進歩、理性を中心とする希望だった。ヴォルテールはとても怒っていた。もちろん、科学で世の中がよくなるはずがなく、暴君に新たな力を与えるのが関の山だろう。もちろん、哲学は悪の問題について気休めを言うわけにはいかず、せいぜい人間の虚栄心を暴く程度だろう。もちろん、愛は幻想、権力は妄想、人間は救いようのない悪人、未来は不条理だ。この小説を読んだ人は、こうした一切に疑いの余地がなかったはずだ。希望は一種の病だから、ヴォルテールは太っ腹にも、人々のそうした病を治そうとしたのだった。

とはいえ、この小説はたんなる悲劇物語ではなく、ヴォルテール自身が辛辣な虚無主義者《ニヒリスト》だったわけでもない。小説は優しくもストイックな、記憶に残るトーンで締めくくられている。哀愁を帯び、メランコリーな視点でこれまで書かれたもののなかでも実に見事な表現だ。主人公カンディードとその同行者たちは、世界各地を回り、迫害、船の難破、強姦、地震、天然痘、飢餓、拷問など、さんざんな目に遭う。一行は――どうにかこうにか――生きのびて、最後はオスマン帝国（ヴォルテールが特に称賛していた国）に落ち着き、コンスタンチノープル郊外の小さな農園で暮らす。ある日、オスマン帝国の宮廷騒動が耳に入る。国務大臣二名とイスラム法学者《ムフティ》が絞殺され、ほかにも数名が串刺しにされたという。この知らせに多くの人々が動揺し、不安になっている。そんなとき、カンディードは自分の農園のあたりを仲間のマルチンとパングロスと一緒に散歩していて、ひとりの老人が何処吹く風といった感じでのんびりと、家の脇にあるオレンジの木蔭で腰掛けているところへ通りかかる。

パングロスは、議論も好きだが好奇心も強いほうなので、絞め殺された法学者は何という名前なのか、その老人に尋ねてみた。「私は何も知りません」老人は答えた。「そもそも私は、法学者とか大臣の名前などひとつも知りません。いま話された事件のことも、ぜんぜん知りません。まあ、私が思うに、だいたい国の政治にかかわるようなひとは、しばしばみじめな死に方をするものですし、また、それも自業自得でしょう。とにかく私は、コンスタンチノープルで起きていることには、まったく興味がありません。私はただ、自分が育てた畑の果物をコンスタンチノープルへ売りに出す、それだけで満足なんです」そう言って、老人はよそ者たちを家のなかへ招き入れた。老人の二人の娘と二人の息子が、みんなにいろんな種類の自家製シャーベットを差し出す。さらに、砂糖漬けしたシトロンの皮を刺したカイマク、それからオレンジ、シトロン、レモン、パイナップル、ピスタチオ、そして、モカのコーヒーを出してくれた。［中略］最後に、この善良なムスリムの二人の娘は、カンディードとパングロスとマルチンの鬚《ひげ》にすてきな香料を塗ってくれた。「あなたはさぞかし広大ですばらしい土地をお持ちなんでしょうね」と、カンディードはこのトルコ人に言った。「広さは二〇アルパンにすぎません」トルコ人は答えた。「その土地を子どもたちといっしょに耕しております。働くことは、私たちを三つの大きな不幸から遠ざけてくれます。三つの不幸とは、退屈と堕落と貧乏です」カンディードは、自分の農家へ帰るとちゅう、このトルコ人のことばを深く考え込んだ。そして、パングロスとマルチンにこう言った。「あの善良な老人は［中略］国王よりも、はるかに好ましい境遇を自力でつくりだしたみたいだなあ」［中略］「ぼくにわかっていることは」と、カンディードは言った。「ひとは自分の畑を耕さねばならない、ということ」

ヴォルテール『カンディード　あるいは最善説』（斉藤悦則訳、光文社、二〇一五年）より

ほとんどがキリスト教徒であるヨーロッパ人読者の偏見を揺さぶろうとしたヴォルテールは、この小説でもっとも重要なセリフ——そしておそらく、近代思想においてもっとも重要な金言——のきっかけをひとりのイスラム教徒、つまり小説ではたんに「トルコ人」とされている真の哲学者にすることをとりわけおもしろがった。「ひとは自分の畑を耕さねばならない」。このほかにも「自分の野菜を育てなければならない」「自分の土地を手入れしなければならない」「野良仕事をしなければならない」と、さまざまに訳されている。

ヴォルテールはこの畑仕事のアドバイスでなにを伝えようとしたのか。それは次のようなことだ。自分と世間とのあいだにしっかりと距離を保っておいたほうがいい。政治や世論への関心が強すぎると、すぐ怒りや危険につながってしまうからだ。人間はやっかいなものであり、自分たちが望んでいる道理や善のようなものが——国家レベルでは——決して達成できないことは、もう十分にわかっているはずだ。自分個人の気持ちを、全国民あるいは一般的な人々の境遇に決して結びつけるべきではない。さもないと、絶えず嘆き悲しむ羽目になる。わたしたちは、見知らぬ人々の頭のなかで

はなく、自分自身の小さな土地で暮らすべきなのだ。それと同時に、心は不安や絶望にとりつかれているので、絶えず忙しくしていなければならない。なんらかのプロジェクトが必要だ。やたらと大きいプロジェクトや、多くの人に左右されるようなプロジェクトではないほうがいい。そのおかげで毎晩へとへとになりながらも、満足して眠りにつけるものがいい。それは、子育てだったり、本の執筆、家事、小さな店の切り盛り、中小企業の経営だったりするかもしれない。もちろん、わずかばかりの土地を耕すのもそうだ。ヴォルテールがプロジェクトの対象を控えめにしている点に注目しよう。全人類を教化しよう、なんて大それたことはあきらめたほうがいいし、国や国際レベルのものごともあきらめたほうがいい。わずかばかりの土地を手に入れ、そこに集中する。小さな果樹園を手に入れてレモンやアンズを育てる。ちょっとした畑を手に入れてアスパラガスやニンジンをつくる。心の平穏を望むのであれば、人類のことで気を揉むのはやめたほうがいい。コンスタンチノープルでなにが起きているのか、法学者になにがあったのか、そんなことはどうだっていい。このトルコ人の老人のように、家のそばのオレンジの木蔭で木漏れ日を浴びながらひっそりと暮らせばいい。これはヴォルテール流の、心を揺さぶる、いつの時代も変わらぬ重要な、園芸を通じた静寂主義《キエティスム》のスタイルだ。わたしたちは警告され——そして導かれてきたのだ。

ヴォルテールが園芸についての自身の考え方をイスラム教徒の口から言わせたのは

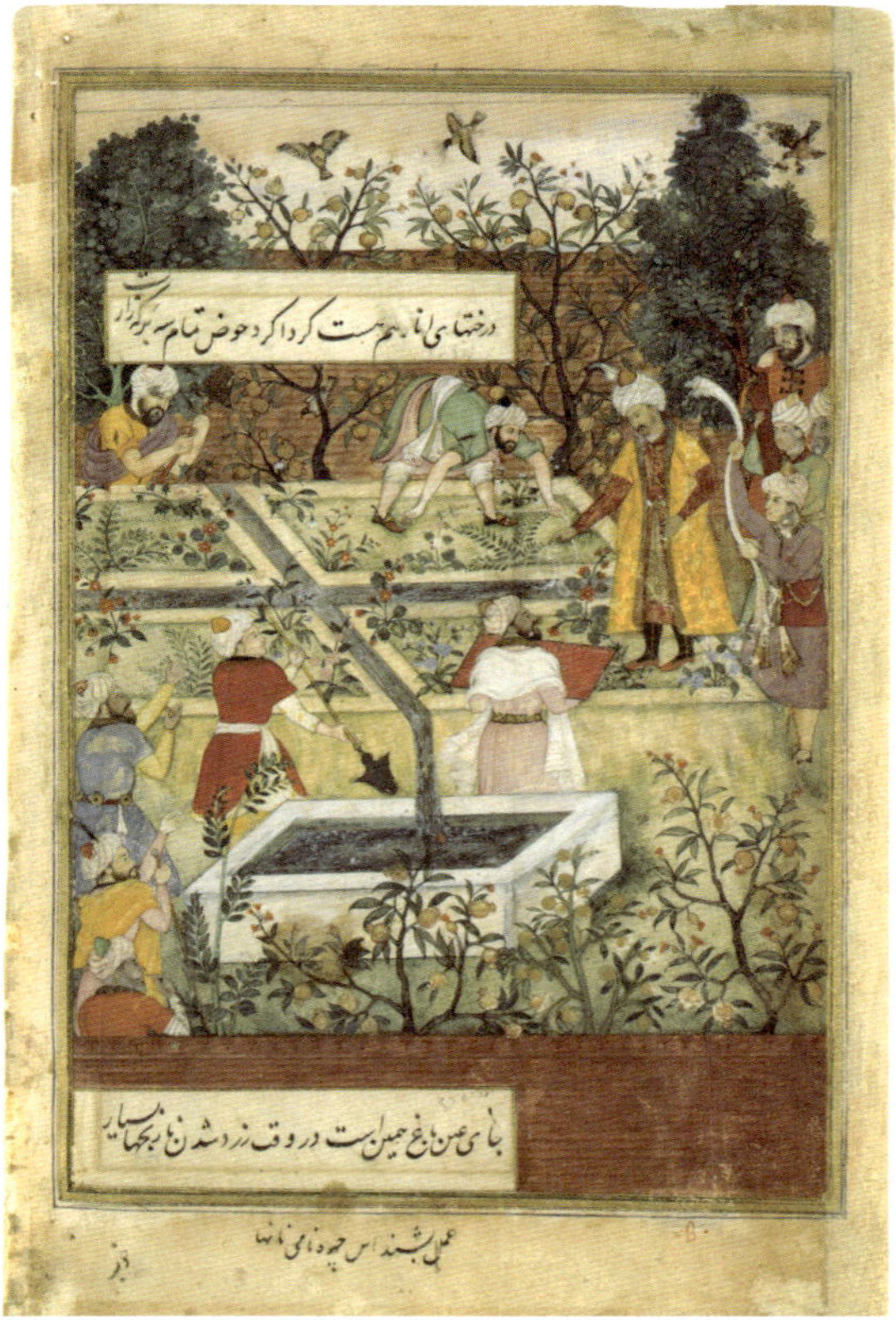

ムガル帝国の初代皇帝バーブルがカブールの庭園造営を指揮している様子。回想録『バーブル・ナーマ』のビシュンダスによる挿絵（1590年頃）

偶然ではない。この小説の三年前に出版された『諸国民の風俗と精神について』を書くためにイスラム教についていろいろ読み漁っていたおかげで、イスラムの教義における庭園の役割をきちんと理解していたのだ。イスラム教徒にとって、この世界全体は決して完璧にはなりえない。そこで、整然とした庭園をつくる（それが無理な場合は、絨毯に庭園を描く）ことで理想の世界をつくり出そうとするのが、敬虔なイスラム教徒の務めなのだ。庭園に必ずある四本の水路は、天上の楽園にあるとされる、水、乳、酒、蜜がそれぞれ流れる四本の川を模したもので、その四本が交差するところが「世界のへそ」、すなわち命が授けられる場所を示していた。園芸はつまらない気晴らしなどではない。外の世界の混乱や危険なものに影響されないようわが身を守りながら、自分が切に願っている善良性と恩寵を反映しうるものにエネルギーを集中させる、重要なやり方のひとつなのだ。

メランコリーな人は、人間が――だれよりもまず自分自身が――救いがたいことを知っている。完全な純潔さや汚れなき幸せという夢をあきらめている。この世界が、ほとんどの場合、恐ろしくてどうしようもないほど残酷なのを知っている。心を占めるさまざまな苦しみがまだ当分は続くことを知っている。それでもなお、絶望してしまわないよう必死にがんばっている。思いやり、友情、アート、家族に、引き続き深い関心を持ちつづけている――ときには園芸でとても穏やかな午後を過ごすこともある。

心身が弱っているときは、メランコリーな状態が結局は唯一理にかなっている。望みを抱き、愛を試み、名声を誇りたくなり、失望し、やけになり、終わりにすることを考え——それでもなんとか歩みつづけようと決心した末にたどりつく境地が、メランコリーなのだ。苦しみに対する最善の心構え、そして、希望や楽しさを残しているなにかへと疲弊した心を向かわせるもっとも賢明な態度、そうしたものをうまくとらえたことばがメランコリーなのである。

訳者あとがき

本書はアラン・ド・ボトンのエッセイ *Varieties of Melancholy*（直訳は「さまざまなメランコリー」）の全訳です。本書の通奏低音をひとことで表すなら、「メランコリー」ってなんとなくネガティブなイメージがあって無視されたり軽視されたりしがちだけど、実はすごく役に立つ大切な感情なんだよ、人間生きていればだれでも困難や苦悩は避けて通れないけど、そうしたものを穏やかに受け入れ、ゆるやかに、賢く、粛々と対応しようとする姿勢なんだよ、絶望にも無邪気な楽観主義にも偏ることなく、そのちょうど中道を行く、ある意味理想的な歩み方なんだよ、という感じでしょうか。

三十五のテーマでメランコリーが語られている本書は章ごとに完結していますので、前から順に読まなくても、目次を見て気になった章から拾い読みしてまったくかまいません。日本人読者ならまず「北斎とメランコリー」に興味を引かれるかもしれませんし、働き盛りの若い人なら「日曜の黄昏どきとメランコリー」「セックスとメランコリー」「パーティーとメランコリー」あたりが共感度が高いかもしれません。著者や訳者のような中高年には「五十歳とメランコリー」「思春期とメランコリー」（親、教育関係者、ソーシャルワーカーなどとして、思春期の若者と日々接している場合）あたりも身近なテーマでしょう。「写真とメランコリー」はきっとだれもに心当たりがあり、昔の写真を探し出したくなるかもしれません。

著者アラン・ド・ボトンは、一九六九年スイスのチューリッヒに生まれ、ロンドン在住。ケンブリッジ大学で思想史を学び、ロンドン大学キングス・カレッジ・ロンドンで哲学修士号を取得、ハーバード大学のフランス哲学博士課程中退という経歴の持ち主です。アカデミックの世界を離れてからは、「日常生活における哲学」を広めるエッセイスト、パブリックスピーカーとして幅広く活動しています。愛、旅、アート、建築、文学などを中心に身近な問題やテーマを取り上げているその著書は、三十ヶ国以上で翻訳され、映画化やテレビシリーズ化されたものもあります。現時点で邦訳が読めるのは、『小説　恋愛をめぐる24の省察』『プルーストによる人生改善法』『哲学のなぐさめ』『旅する哲学』『もうひとつの愛を哲学する』、そして共著書『人類は絶滅を逃れられるのか』『美術は魂に語りかける』です。

「日常生活における哲学」をうたっているだけに、その語り口はわかりやすく、ところどころにユーモアが散りばめられていて親しみやすいのですが、そうした著者の魅力に文字以上に触れられる動画もたくさんあります。すべて英語ですが、英語はちょっと……という方にもおすすめなのが、TEDトークの「無神論2・0」と「親切で、優しい成功哲学」です。自動翻訳ではない、すばらしい日本語字幕つきで視聴できるだけでなく（訳者・校閲者に拍手）、両トークの内容の一部は本書の複数の章にも散りばめられていますので、あそこに書いてあったあれだな、と気づく楽しみもあるでしょう。

翻訳中はどのテーマにもいちいちうなずかされましたが、旅好きのわたしには「風景とメランコリー」や「旅とメランコリー」が特に共感度が高かったです。子どもの頃から月や星をよく眺めているので「天文学とメランコリー」にもすごく親近感を覚えましたし、大好きな谷川俊太郎さんの詩「二十億光年の孤独」を中学生で初めて読んだときに受けた強い印象も蘇りました。「歴史とメランコリー」には、いま住んでいるスペインもちらっと出てきますが、著者と同じように「たられば」を想像したことは一度や二度ではありません。

スペインといえば、ここ南部アンダルシアは特に、明るく弾けた「陽気なラテン気質」のイメージを持たれがちですが、実はメランコリーなところが多々あります。しかもそのメランコリーを無理に隠そうとしないどころか、アピールすらしてくる人が多いようにつねづね感じています。「それが人生」と老若男女が達観しているというか、メランコリーを上手にまとっているというか、自分のメランコリーな部分をおしゃべりで吐き出すことで再確認し、ほかの人たちとシェアしている印象なのです。電車で、スーパーのレジの列で、役所や病院などの待合室で、バルで、たまたま居合わせた知らない人を相手に、いや、知らないからこそなのか、自分が抱えているちょっとした問題を、尋ねてもいないのに一方的に話しかけてきます。そのたびにわたしはうんうんとひたすら聞くだけですが、そのおかげかどうか、マイノリティでありながら、このコミュニティの一員として認められている感じすらするのです。

最後になりましたが、本書翻訳の機会をくださったフィルムアート社編集部の臼田桃子さん、海外からでは困難な調べ物のほか、たくさんの細やかなサポートをしてくださった白尾芽さんに心から感謝申し上げます。また、いつも支えてくれている家族・友人に、ムーチャスグラシアス！

二〇二四年十月

齋藤慎子

p. 143　アグネス・マーティン《この世界を丸ごと愛している(I Love the Whole World)》1993年　キャンバスにアクリルとグラファイト　152.4cm × 152.4 cm　個人蔵(ロンドン、イギリス)　© 2024 Agnes Martin Foundation, New York /ARS, New York / JASPAR, Tokyo G3578

p. 148–149　葛飾北斎《冨嶽三十六景》「駿州江尻」1830–32年頃　紙に多色刷木版 25.1cm × 37.5cm　メトロポリタン美術館(ニューヨーク、アメリカ)蔵　ヘンリー・L・フィリップス・コレクション、ヘンリー・L・フィリップス遺贈、1939年　画像提供＝メトロポリタン美術館

p. 151　葛飾北斎《冨嶽三十六景》「甲州犬目峠」1831–32年頃　紙に多色刷木版画　25.1cm × 37.8cm　その他同上

p. 152–153　葛飾北斎《冨嶽三十六景》「神奈川沖浪裏」1830–32年頃　紙に多色刷木版画　25.7cm × 37.9cm　その他同上

p. 175上　Robert Landau / Alamy

p. 175下　Andre Jenny / Alamy

p. 177上　FLHC11 / Alamy

p. 177下　Thomson200 / Wikimedia Commons

p. 186　ヤン・ブリューゲル(子)《楽園(Paradise)》1620年頃　オーク材に油彩　60cm × 42.4cm　ベルリン美術館 絵画館(ドイツ)蔵　Universal Images Group North America LLC / Alamy

p. 190　ポール・ゴーギャン《タヒチの通り(Street in Tahiti)》1891年　キャンバスに油彩 115.5cm × 88.5cm　トレド美術館(オハイオ州、アメリカ)／Wikimedia Commons

p. 192　アンリ・マティス《オセアニアの記憶(Memory of Oceania)》1952–53年　紙にグワッシュ(切り絵)、キャンバスに貼り付けた紙にチャコール　284.4cm × 286.4cm ニューヨーク近代美術館(アメリカ)蔵　2024 ©Photo Scala, Florence

p. 212　回想録『バーブル・ナーマ』より、ビシュンダスによる挿絵、ムガル帝国の初代皇帝バーブルがカブールの庭園造営を指揮している様子、1590年頃　紙に水彩 21.7cm × 14.3cm　ヴィクトリア・アンド・アルバート博物館(ロンドン、イギリス)蔵／Wikimedia Commons

図版出典

p. 13上　ニコラス・ヒリアード《薔薇のなかの青年（Young Man Among Roses）》1585–95年頃　上等皮紙に水彩　13cm × 3cm　ヴィクトリア・アンド・アルバート博物館（ロンドン、イギリス）蔵／Wikimedia Commons

p. 13下　アイザック・オリバー《初代チャーベリーのハーバート卿エドワード（Edward Herbert, 1st Baron Herbert of Cherbury）》1613–14年　上等皮紙に水彩　18.1cm × 22.9cm　ナショナル・トラスト（ポウイス城、ウェルシュプール、ウェールズ）蔵／Wikimedia Commons

p. 14　アルブレヒト・デューラー《メランコリアⅠ（Melencolia I）》1514年　版画　24.5cm × 19.2cm　ワシントン・ナショナル・ギャラリー（ワシントンDC、アメリカ）蔵　R・ホレース・ギャラティン寄贈　画像提供＝ワシントン・ナショナル・ギャラリー

p. 19　ザカリアス・ドレンド《メランコリーな土星（Saturn as Melancholy）》1595年　アムステルダム国立美術館（オランダ）蔵

p. 45上　ジョヴァンニ・ベッリーニ工房《聖母子（Madonna and Child）》1510年頃　板に油彩　34.3cm × 27.6cm　メトロポリタン美術館（ニューヨーク、アメリカ）蔵　ジュール・ベイチ・コレクション、1949年　画像提供＝メトロポリタン美術館

p. 45下　サンドロ・ボッティチェリ《聖母子（Madonna and Child）》1470年頃　紙にテンペラ　74cm × 54cm　ワシントン・ナショナル・ギャラリー（ワシントンDC、アメリカ）蔵　アンドリュー・W・メロン・コレクション　画像提供＝ワシントン・ナショナル・ギャラリー

p. 48　NASA / JHUAPL / SWRI

p. 112　Rainer Ebert / Wikimedia Commons

p. 113　Bildarchiv Monheim GmbH / Alamy

p. 114　Luis García / Wikimedia Commons

p. 138　アグネス・マーティン《朝（Morning）》1965年　キャンバスにアクリルとグラファイト　182.6cm × 181.9cm　テート美術館（ロンドン、イギリス）蔵　© Photo: Tate　© 2024 Agnes Martin Foundation, New York /ARS, New York / JASPAR, Tokyo　G3578

p. 140　アグネス・マーティン・ギャラリー、ハーウッド美術館（タオス、ニューメキシコ州、アメリカ）　© 2024 Agnes Martin Foundation, New York /ARS, New York / JASPAR, Tokyo　G3578　Photo: Courtesy Rick Romancito / The Taos News

［著］

アラン・ド・ボトン（Alain de Botton）

哲学者。一九六九年スイス生まれ、ロンドン在住。「日常生活における哲学」をめぐるエッセイで知られ、執筆の対象は愛、旅、アート、建築、文学など多岐にわたる。おもな著書に『哲学のなぐさめ――6人の哲学者があなたの悩みを救う』（集英社、二〇〇二年）、『旅する哲学――大人のための旅行術』（集英社、二〇〇四年）、『美術は魂に語りかける』（共著、河出書房新社、二〇一九年）など。

［訳］

齋藤慎子（さいとう・のりこ）

英日、西日翻訳者、ライター。『北欧スウェーデン式自分を大切にする生き方』（文響社）、『アランの幸福論』『バルタザール・グラシアンの賢人の知恵』（以上ディスカヴァー・トゥエンティワン）、『トレバー・ノア　生まれたことが犯罪!?』（英治出版）、『最新脳科学でわかった　五感の驚異』（講談社）、『精霊に捕まって倒れる』（共訳）『大適応の始めかた』（以上みすず書房）などのほか、ビジネス書の訳書多数。

The School of Life（ザ・スクール・オブ・ライフ）とは？

ザ・スクール・オブ・ライフは、人々がより充実した人生を送れるよう後押しするグローバルな組織です。自分自身を理解する、人間関係、仕事、社会生活を向上させる、安らぎを見つけて余暇をもっと有効活用する――こうしたことに役立つものを提供し、動画、ワークショップ、書籍、アプリ、寄付、コミュニティを通じて活動しています。詳細は、オンライン、店舗、世界中のウェルカムスペースで。https://www.theschooloflife.com/

メランコリーで生きてみる
2024年10月26日　初版発行

著者　アラン・ド・ボトン
訳者　齋藤慎子

日本語版デザイン　松川祐子
日本語版編集　白尾芽（フィルムアート社）

発行者　上原哲郎
発行所　株式会社フィルムアート社
〒150-0022
東京都渋谷区恵比寿南1-20-6 プレファス恵比寿南
tel 03-5725-2001
fax 03-5725-2626
https://www.filmart.co.jp/

印刷・製本　シナノ印刷株式会社

Printed in Japan
ISBN978-4-8459-2333-5　C0010

落丁・乱丁の本がございましたら、お手数ですが小社宛にお送りください。
送料は小社負担でお取り替えいたします。